Kohlhammer

Inklusion praktisch

Herausgegeben von

Stephan Ellinger und
Traugott Böttinger

Band 9

Christine Einhellinger

Schülerinnen und Schüler mit Lernbeeinträchtigungen

Erkennen, fördern, unterrichten

Verlag W. Kohlhammer

Dieses Werk einschließlich aller seiner Teile ist urheberrechtlich geschützt. Jede Verwendung außerhalb der engen Grenzen des Urheberrechts ist ohne Zustimmung des Verlags unzulässig und strafbar. Das gilt insbesondere für Vervielfältigungen, Übersetzungen, Mikroverfilmungen und für die Einspeicherung und Verarbeitung in elektronischen Systemen.
Es konnten nicht alle Rechtsinhaber von Abbildungen ermittelt werden. Sollte dem Verlag gegenüber der Nachweis der Rechtsinhaberschaft geführt werden, wird das branchenübliche Honorar nachträglich gezahlt.

1. Auflage 2018

Alle Rechte vorbehalten
© W. Kohlhammer GmbH, Stuttgart
Gesamtherstellung: W. Kohlhammer GmbH, Stuttgart

Print:
ISBN 978-3-17-033848-7

E-Book-Formate:
pdf: ISBN 978-3-17-033849-4
epub: ISBN 978-3-17-033850-0
mobi: ISBN 978-3-17-033851-7

Für den Inhalt abgedruckter oder verlinkter Websites ist ausschließlich der jeweilige Betreiber verantwortlich. Die W. Kohlhammer GmbH hat keinen Einfluss auf die verknüpften Seiten und übernimmt hierfür keinerlei Haftung.

Vorwort zur Reihe *Inklusion praktisch*

Inklusion ist nicht nur eine der schönsten pädagogischen Visionen überhaupt, sondern auch eine gesellschaftliche Vorstellung, die vor allem auf humanistischen Werten und Normen beruht. Im Vordergrund stehen Begriffe wie Gleichheit, Gerechtigkeit, Selbstwert, Teilhabe und Partizipation.

Aktion Mensch hat im Rahmen ihrer Inklusionskampagne 2013 einen kurzen Animationsfilm mit dem Titel *Inklusion ist...* entworfen, der aufzeigt, mit welchen Hoffnungen der Begriff verbunden ist.

> Inklusion ist ...
> ... wenn alle mitmachen dürfen.
> ... wenn keiner mehr draußen bleiben muss.
> ... wenn Unterschiedlichkeit zum Ziel führt.
> ... wenn Nebeneinander zum Miteinander und Ausnahmen zur Regel werden.
> ... wenn anders sein normal ist.

Anders ausgedrückt: Bei *Inklusion* geht es also darum, die auf der gesetzlich-strukturellen Ebene formulierten Bestimmungen im täglichen Zusammenleben in den verschiedenen gesellschaftlichen Bereichen sichtbar und wirksam werden zu lassen.

Inklusion ist Utopie, Weg, Wertbegriff, Methode und Zielvorstellung zugleich und weckt vielfältige Wünsche und Hoffnung auf Veränderungen und gesellschaftliche Entwicklung. Dabei beschränkt sich Inklusion keinesfalls auf Schule. Dies verdeutlicht auch der Nationale Aktionsplan der Bundesregierung zur Inklusion, der Bildung als eines von zwölf verschiedenen Handlungsfeldern (u. a. Arbeit und Beschäftigung, Bauen und Wohnen oder Kultur und Freizeit) behandelt.

Viele Autoren verbinden mit Inklusion weitreichende Vorstellungen und Hoffnungen, die sich auf verschiedenen Ebenen lokalisieren lassen.

Auf *gesellschaftlicher Ebene* ist das Ziel eine solidarische und sozial gerechte, diskriminierungs- und barrierefreie Gesellschaft ohne Ausgrenzung, die Diversität als Normalität ansieht. Chancengerechtigkeit für Menschen mit Behinderung soll unter anderem ermöglicht werden, indem keine Unterscheidungen zwischen behinderten und nicht behinderten Menschen vorgenommen werden und Behinderung als Zuschreibung und Kategorisierung erkannt wird.

Innerhalb des Bildungssystems soll eine chancen- und bildungsgerechte und weniger selektionsorientierte Schule für ausnahmslos alle Schüler entstehen. Inklusiver Unterricht ist kultur-, sprach- und gendersensibel und begreift Heterogenität nicht als Belastung, sondern als Chance und Bereicherung.

Personenbezogen steht Inklusion für den Versuch, Abhängigkeiten und Barrieren zu reduzieren und so u. a. Teilhabe und Partizipation und einen gleichberechtigten Zugang zum Arbeitsmarkt zu erreichen.

Dem geneigten Leser wird schnell deutlich, welch anspruchsvolle und zum Teil idealistische Vorstellungen an Inklusion herangetragen werden. Möglicherweise handelt es sich dabei sogar um eine Aufgabe, die eigentlich nicht zu erfüllen ist: Inklusion soll einen Umbruch, eine gesellschaftliche Transformation bzw. Emanzipation oder gar einen Neuanfang des menschlichen Zusammenlebens markieren, der in eine noch nie vorhandene Dimension vorzustoßen vermag und dabei die zahlreichen Verfehlungen in der Geschichte vergessen macht.

In der vor Ihnen liegenden Buchreihe geht es keinesfalls darum, Inklusion oder ihre Idee schlecht zu reden. Vielmehr soll vor überzogenen Ansprüchen gewarnt werden, an denen letztendlich jede große Idee scheitern muss. Zu diesem Zwecke erfolgt zunächst eine grundlegende Beschäftigung mit der Thematik, bevor die weiteren Bände konkrete schulische Felder der Inklusion beleuchten und Umsetzungshilfen für Förder- und Regelschullehrkräfte bereitstellen.

Wir hoffen, Sie als Leserinnen und Leser für eine Auseinandersetzung mit dem Themenfeld der Inklusion begeistern zu können und wünschen Ihnen eine abwechslungsreiche Lektüre!

Würzburg, im November 2017
Prof. Dr. Stephan Ellinger und Dr. Traugott Böttinger

Einzelbände in der Reihe *Inklusion praktisch*

Band 1: Gesellschaftliche Leitidee und schulische Aufgabe
Band 2: Exklusion durch Inklusion? Stolpersteine bei der Umsetzung
Band 3: Sonderpädagogische Förderung in der Regelschule
Band 4: Organisationsentwicklung und Leitung in einer inklusiven Schule
Band 5: Kollegiale Kooperation in inklusiven Settings
Band 6: Umgang mit Lese-Rechtschreib-Schwierigkeiten in heterogenen Lerngruppen
Band 7: Konturen eines inklusiven Fachunterrichts Mathematik
Band 8: Teilhabe durch Grundbildung. Die Förderung Benachteiligter im Sekundarbereich I
Band 9: Schülerinnen und Schüler mit Lernbeeinträchtigungen
Band 10: Lehrergesundheit in inklusiven Settings

Inhalt

Vorwort zur Reihe *Inklusion praktisch*		5

Einleitung		**11**
Veränderungen in der schulischen Praxis		11
Zielsetzung des Bandes		14
Inhalt und Aufbau		15

1	**Geschichtliche Perspektive auf beeinträchtigtes Lernen**	**17**
1.1	Wer nicht lernen wollte, dem drohte die Peitsche: Zur Zeit Karls des Großen	17
1.2	»Schulen für schwachbefähigte Kinder«: Heinrich Ernst Stötzner und Heinrich Kielhorn	18
1.3	Zu Beginn des 20. Jahrhunderts: Intelligenztest von Binet und Simon	22
1.4	1922: Der erste Kongress für Heilpädagogik in München	24
1.5	1930er Jahre, Nationalsozialismus und Nachkriegszeit: Offene Abwertung	25
1.6	Sozio-kulturell benachteiligte Schüler: Ernst Begemann 1970	26
1.7	Heute: Soziale Benachteiligung oder Beschreibung von Lernstörungen?	27

Inhalt

2	Aktuelle Perspektiven auf Lernbeeinträchtigungen	29
2.1	Was Lernende in die Schule mitbringen, Teil 1: Leben und Lernen in sozialer Benachteiligung	29
2.1.1	Leben in Armut	31
2.1.2	Leben in einem bildungsfernen Milieu	39
2.1.3	Leben in einer Risikofamilie	46
2.1.4	Leben mit Traumatisierungen	49
2.1.5	Leben mit Migrations- und Fluchthintergrund	51
2.2	Was Lernende in die Schule mitbringen, Teil 2: Interne Merkmale	76
2.2.1	Vorwissen	76
2.2.2	Begabung und Denken	79
2.2.3	Organische und neurologische Probleme	82
2.2.4	Gender	83
2.3	Was Lernende in der Schule vorfinden	87
2.3.1	Das Schulhaus	87
2.3.2	Übergang in die Schule als Bruch im Lebenslauf	88
2.3.3	Schulversagen als Versagen der Schule?	90
2.4	Was wir beobachten können – Erscheinungsformen	96
2.4.1	Sprache	96
2.4.2	Lern- und Leistungsverhalten	98
2.4.3	Sozial-emotionales Verhalten, Schulabsentismus, Dropout	120

3	Fazit und Ausblick	122

Literatur		125

Einleitung

Veränderungen in der schulischen Praxis

Die Umsetzung der UN-Behindertenrechtskonvention hat in der Bundesrepublik einen umfassenden Umbau des Bildungssystems angestoßen. Eine der vielen Veränderungen betrifft auch die Feststellung des sonderpädagogischen Förderbedarfs (SFB). Die Tendenz quer durch alle Bundesländer ist die, dass gerade in den Förderschwerpunkten Lernen, Sprache und Verhalten der SFB immer später, nur in bestimmten engen Zeitfenstern, nur unter ganz bestimmten Bedingungen und manchmal am besten gar nicht festgestellt werden soll. Eine Übersicht über die Feststellungspraxis in den 16 Bundesländern – Stand 2016 – findet sich in den beiden nachfolgenden Tabellen. Die Bundesländer werden nach ISO-Norm abgekürzt, auch die sonderpädagogischen Einrichtungen werden abgekürzt.

Abkürzungen der Bundesländer: *BW: Baden-Württemberg; BY: Bayern; BE: Berlin; BB: Brandenburg; HB: Bremen; HH: Hamburg; HE: Hessen; MV: Mecklenburg-Vorpommern; NI: Niedersachsen; NW: Nordrhein-Westfalen; RP: Rheinland-Pfalz; SL: Saarland; SN: Sachsen; ST: Sachsen-Anhalt; SH: Schleswig-Holstein; TH: Thüringen*
Abkürzungen der Einrichtungen/Dienste: *GS: Grundschule, MSD: Mobiler Sonderpädagogischer Dienst, MSDD: Mobiler Sonderpädagogischer Diagnostischer Dienst, SFZ: Sonderpädagogisches Förderzentrum, TQB: Team zur Qualitätssicherung der sonderpädagogischen Begutachtung, ZuP: Zentrum für unterstützende Pädagogik*

Einleitung

Tab. 1: Feststellung des SFB in den 16 Bundesländern: Bedingungen (Einhellinger 2017, 182 ff.)

Feststellung des SFB in den 16 Bundesländern: Wie? (Bedingungen)	
MSD oder MSDD	des SFZ: (BW), BY, HH, SN, ST des ZuP: (HB)
Dezentral arbeitendes Team	BB, TH (TQB)
Zwingende Kooperation mit GS	NI, NW
»Runder Tisch«/weitere Kooperation	BW (Bildungswegekonferenzen) RP (Schulaufsicht entscheidet) SL (besonders umfangreiche Grundlagen; verschiedene Kooperationspartner für Gutachtenerstellung; Klassenkonferenz) SH (Koordinierungsgespräche)
Per Schulversagen	MV

Tab. 2: Feststellung des SFB in den 16 Bundesländern: Zeitfenster (ebd.)

Feststellung des SFB in den 16 Bundesländern: In welchem Zeitfenster?	
Immer	BW, BY, (BE), HH
Frühestens ab	• *Beendigung der Eingangsstufe* (FLEX): BB • *Kl. 2:* NI • *Kl. 3:* MV, NW, SL, TH, HE
Frühestens/nur wenn	• *Fördermaßnahmen Regelschule erfolglos:* MV, NI, RP, SH, TH • *die Eltern entsprechenden Wunsch geäußert haben* (vor Klasse 3 für NW); (dann immer für SH) • besondere pädagogische Förderung mit möglichem »abgesenkten Niveau« nicht ausgereicht hat → frühestens ab Kl. 3, siehe oben: SL

Tab. 2: Feststellung des SFB in den 16 Bundesländern: Zeitfenster (ebd.) – Fortsetzung

Feststellung des SFB in den 16 Bundesländern: In welchem Zeitfenster?	
Schnittstellen	• v.a. zur Sek. I: HB, MV • formales Gutachten nur bei Übertritt auf Förderschule oder Übergang in Kl. 5: ST
Spätestens bis	Wechsel in Sek. Stufe: • RP, SH • Kl. 6, notfalls darüber: SN • Kl. 6: ST
Möglichst gar nicht	(BB Pilotschulen »Inklusion«)

Diese, durch die Tabellen veranschaulichte Tendenz rührt aus einem bestimmten Inklusionsverständnis heraus, das mögliche Stigmatisierungen, die mit der Feststellung eines SFB verbunden sein können, vermeiden will. Ob sich das Stigmatisierungsproblem durch den Wegfall der Feststellung des SFB vermeiden lässt, sei dahingestellt. Auch wird diskutiert, ob die Nachteile – gerade für die Schülerschaft aus dem (ehemaligen) Förderschwerpunkt Lernen – nicht überwiegen (Einhellinger 2016; dies. 2017). Diese Schülerinnen und Schüler drohen aus dem Blick zu geraten, gerade weil sie im Gegensatz zu Personen aus anderen Förderschwerpunkten keine offensichtlich feststellbare Behinderung oder Beeinträchtigung zeigen. Dadurch ist zu befürchten, dass sie mit ihren besonderen Bedürfnissen übersehen werden. Pädagogischer Alltag ist jedenfalls für alle Beteiligten: Es gab und gibt immer Kinder und Jugendliche, die an Schule scheitern, egal, ob sie benannt werden oder nicht. Die Frage, wer diese Schülerinnen und Schüler nun sind, ist gerade im inklusiven Setting daher für viele Beteiligten aktuell – sowohl für Regelschullehrkräfte als auch für die sonderpädagogischen Fachkräfte im Mobilen Sonderpädagogischen Dienst.

Zielsetzung des Bandes

Der vorliegende Band widmet sich daher der Frage, um welche Kinder es sich bei den zu inkludierenden ehemaligen Förderschülerinnen und Förderschülern handelt. Dabei werden verschiedene Perspektiven eingenommen, die sich überschneiden können, keineswegs aber identisch sind. Im eigentlichen Kern des Buchs wird zum einen danach gefragt, vor welchem Hintergrund Lernbeeinträchtigungen vorkommen, zum anderen wird schwerpunkthaft beschrieben, wie sie sich zeigen. Zu betonen ist, dass dabei *Hintergrund* nicht gleichzusetzen ist mit *Ursache*. Es soll bevorzugt um das Aufzeigen von möglichen Zusammenhängen gehen, weniger um kausale Beziehungen im Wenn-dann-Stil. Es liegt ein bedeutender Unterschied zwischen der Formulierung »Viele Schülerinnen und Schüler mit Lernbeeinträchtigungen sind sozial benachteiligt« und der These »Die soziale Benachteiligung ist der alleinige Grund für die Lernbeeinträchtigungen«. Die Ursachenfrage wird bewusst ausgeklammert, da sie sehr ideologieanfällig ist und Lehrkräften zunächst nicht weiterhilft, zumindest, wenn es um Ursachen geht, die zeitlich zurückliegen oder sich außerhalb ihres Einflussbereiches befinden. Der Fragenschwerpunkt lautet also eher: Wer und wie sind diese Kinder und Jugendlichen – was verlangen sie von mir und meiner Betreuung? Er lautet weniger: Wie sind sie so geworden? Der vorliegende Band versucht die verschiedenen, zum Teil konkurrierenden Perspektiven so in einer Übersicht zu verbinden, dass Praktiker mit einer theoretischen Ausbildung sich ein Bild der aktuellen Forschungslage zu unserem Personenkreis machen können. Bezogen auf den großen Anteil der sozial Benachteiligten aus unserer Schülerschaft lautet die Frage, der sich Kapitel 2.1 annimmt: Was bedeutet es heute, sozial benachteiligt zu sein? Durch den mehrfachen Perspektivwechsel soll die Leserschaft die Gelegenheit erhalten, die bisherigen Erfahrungen mit der Schülerschaft und das gesammelte Wissen über Lernbeeinträchtigungen zu hinterfragen, zu erweitern und neu einzuordnen.

Inhalt und Aufbau

Zuerst wird eine geschichtliche Perspektive auf beeinträchtigtes Lernen eingenommen. Diese entspricht nicht einer Geschichte der Pädagogik bei Lernbeeinträchtigungen, sondern holt weit aus, um über grobe Meilensteine des Blicks auf gestörtes Lernen in der Gegenwart anzukommen. Dies ist – so die Hoffnung der Autorin – ein nicht nur kurzer, sondern auch kurzweiliger Einstieg in das Thema und kann ein besseres Verständnis für diese Schülergruppe ermöglichen. Kapitel 2, das Herz des vorliegenden Bändchens, unterscheidet im Grobaufbau danach, »Was Lernende in die Schule mitbringen«, »Was Lernende in der Schule vorfinden« und »Was wir beobachten können«. Die erste Kategorie dieses Kapitels dient dem Verständnis unserer Schülerschaft, die zweite ebenso, fragt aber implizit nach unserem eigenen Engagement als Pädagoginnen und Pädagogen. Die dritte der Kategorien beantwortet am konkretesten die Frage, wie unsere Kinder zu erkennen sind, wie sie sich zeigen. Ähnlich Stephan Ellingers (2013b) Systematik, der unter dem Konzept der sozialen Benachteiligung *Armut, Milieus, Traumatisierung, Flucht- und Migrationshintergrund und Risikokinder* einordnet, werden auch hier diese Konzepte unter »Leben und Lernen in sozialer Benachteiligung« (▶ 2.1) zusammengefasst. Jede Systematik hat ihre Grenzen, da es aufgrund der Verwobenheit der verschiedenen Aspekte immer zu Überschneidungen kommen muss. Wie hinreichend bekannt ist, lässt sich eine individuelle Lebenssituation, die im Einzelfall zu Lernbeeinträchtigungen geführt hat oder führen könnte, außerdem schwerlich mit nur einem der Konzepte beschreiben. Interessant ist es aber schon, genauer hinzuschauen auf die Umstände, die das Leben in Armut mit sich bringt (▶ 2.1.1), sowie das Leben in einer Familie, die einem Milieu zugehörig ist, das von Bildungsferne geprägt ist (▶ 2.1.2). Auch die besondere Situation in Risikofamilien (▶ 2.1.3) und nach Migration oder Flucht (▶ 2.1.5) soll gesondert beschrieben werden. Traumatisierungen kommen statistisch gesehen besonders im Zusammenhang mit Risikofamilien und/

Einleitung

oder mit Flucht vor und werden daher dazwischen platziert (▶ 2.1.4). Die vorliegende Systematik wurde nach reiflicher Überlegung gewählt. Dennoch sollen im Folgenden einige Problempunkte angesprochen werden. Das Vorwissen, unter Kapitel 2.2.1 als »internes« Merkmal eingeordnet, ist natürlich stark von außen bedingt. Ebenso kann es »beobachtet« werden. Das Gleiche gilt für die Sprache (▶ 2.4.1): Ist sie nicht doch ein internes Merkmal oder überwiegt tatsächlich die Beobachtbarkeit? Ein weiteres Problem, das die systematische Aufarbeitung des Diskussions- und Forschungsstandes erschwert, ist die nicht einheitliche Verwendung der verschiedenen »sozialen Begriffe« wie *Lage, Milieu, Benachteiligung* etc., was vor allem in Kapitel 2.1 zum Tragen kommt.

Durch die relativ starke Auffächerung der Kapitel und des Inhaltsverzeichnisses sowie zahlreiche strukturierende Abbildungen hoffe ich, der interessierten Leserschaft ein vielfältiges, abwechslungsreiches und gewinnbringendes Leseangebot zu machen!

Würzburg, im November 2017
Dr. Christine Einhellinger

1

Geschichtliche Perspektive auf beeinträchtigtes Lernen

1.1 Wer nicht lernen wollte, dem drohte die Peitsche: Zur Zeit Karls des Großen

Schulleistungsschwache oder »lernunwillige« Schüler gemäß der heutigen Vorstellung kann es erst seit der Zeit geben, in der Bildung erstmals einem breiten Kreis angeboten wurde. Zur Zeit Karls des Großen wurde die Bildung von *Laien* außerhalb des privilegierten Adels ins Auge gefasst. *Laien* waren Menschen, die nicht Mönche oder Priester werden wollten oder sollten (Weinfurter 2014, 200 f.). Das Religiöse war dabei ein wichtiges Moment, denn es ging auch darum, dass die Menschen die Texte verstehen, die sie beten, was durch Bildung und Lesen können befördert werden sollte. Hier bringt der Historiker Weinfurter eine interessante Begrifflichkeit ins Spiel: Die Menschen sollten »keine ›Idioten‹ *(idiothae)*, das bedeutet ungebildet, sein« (ebd., 182). In der Zeit um 800 beschloss die bayerische Bischofssynode, dass in jeder Bischofsstadt eine Schule eröffnet werden solle. Manche Bischöfe nahmen diese Aufgabe sehr ernst. Weinfurter berichtet von einem bayerischen Würdenträger, der mit Strafen versuchte, die Lernunwilligen zu motivieren. Der Historiker merkt dazu recht trocken an:

> »Wer nicht lernen wolle, den solle man mit Schlägen und Fasten bei Wasser und Brot dazu zwingen. Auch Frauen sollten mit Peitschenhieben oder Fasten dazu gebracht werden, ihren Widerstand aufzugeben – immerhin ein Beleg dafür, dass die Bildungsbemühungen auch Frauen galten« (ebd., 201).

1.2 »Schulen für schwachbefähigte Kinder«: Heinrich Ernst Stötzner und Heinrich Kielhorn

Der bedeutendste historische Meilenstein in der Heilpädagogik mit Schwerpunkt auf die Schülerschaft mit Lernbeeinträchtigungen ist Stötzners Schrift »Schulen für schwachbefähigte Kinder. Erster Entwurf zur Begründung derselben« von 1864. Sie wurde knapp 100 Jahre später als vollständiger Nachdruck der Originalausgabe wieder aufgelegt. Die Schrift ist kein ausschließlich pädagogisch motiviertes Werk; das lässt sich daraus schließen, dass Heinrich Ernst Stötzner dem ersten Kapitel eine Art Widmung vorangestellt hat: »Allen Schulbehörden an's Herz gelegt« (Stötzner 1864/1963, 5). Die Adressaten für seine Monographie waren also Behörden bzw. die Schulverwaltung; es war ein Appell zur Einrichtung von »Schulen für schwachbefähigte Kinder«.

1.2 »Schulen für schwachbefähigte Kinder«

Folgende Beschreibung der Situation der schwachen Lerner zu Stötzners Zeiten gehört zu den meistzitierten Passagen in der Geschichte der Heilpädagogik; sie wirkt auch heute noch auf viele, die mit Kindern und Jugendlichen beruflich zu tun haben, beklemmend.

»Sie sind die letzten in der Klasse, selbst die im nächsten Jahre eintretenden überflügeln sie bald. Beim besten Willen können sie ja mit den anderen nicht gleichen Schritt halten. Und dies dennoch von ihnen verlangen, hieße einen Lahmen schelten, weil er beim Wettlauf so weit hinter denen, die gesunde Beine besitzen, zurückbleibt. Erst müht sich wohl der Lehrer rechtschaffen mit ihnen ab. Er versucht es auf jegliche Weise, die harte Schale, die den Geist dieses Kindes umgibt, zu durchbrechen – aber es geht zu langsam vorwärts, und er kann doch um eines, zweier willen nicht die ganze Klasse aufhalten. Da wird er wohl ungeduldig und meint, mit Strafen schneller weiter zu kommen; aber nun verliert das arme Kind mit der Liebe zum Lehrer auch alles Vertrauen zu sich selbst. Es wird immer matter; vielleicht wird es sogar noch stöckisch und trotzig. Und nun lässt der Lehrer das Kind fallen« (Stötzner 1864/1963, 6).

Zwanzig Jahre später thematisiert der Hilfsschullehrer Heinrich Kielhorn deutlich den Zusammenhang zwischen der sozialen Lage der Kinder und ihren Schulleistungen. Der Jargon irritiert im 21. Jahrhundert und wirkt geradezu menschenverachtend:

»Je größer die Städte sind, desto mehr setzt sich der Bodensatz der Bevölkerung in ihnen ab; desto mehr nackte Armut und Verkommenheit bergen sie. Und gerade diese Schichten sind es, die die meisten schwachsinnigen Kinder liefern« (Kielhorn 1887, 309).

Allerdings sind solche Zitate nicht ohne den historischen Zusammenhang gerecht zu beurteilen. Im Begriff »nackte Armut« schwingt offenbar auch ein Fünkchen Mitgefühl mit, was aufgrund Kielhorns eigener Biografie verständlich wäre. Schließlich stammt auch er aus armen Verhältnissen. In seinem »Hilfsschul-Lehrplan« von 1909, den Kielhorn in seiner damaligen Funktion als Schulinspektor und Leiter der Hilfsschule in Braunschweig verfasst hat, finden sich Fallbeispiele, die gut die Kinder und Jugendlichen beschreiben, die Schüler der damaligen Hilfsschule waren. Von der Ausdrucksweise abgesehen, gibt es Beispiele, die von großem pädagogischen Einfühlungsvermögen zeugen:

1 Geschichtliche Perspektive auf beeinträchtigtes Lernen

»Ein 14jähriger gutmütiger, aber etwas hastiger Knabe hatte ein kleines Mädchen geschlagen, welches ihn mit dem Balle an den Kopf geworfen hatte. Ihm, unter seinen Freunden eine Respektsperson, war es eine Ehrverletzung, von einem Mädchen an den Kopf geworfen zu werden. In diesem Sinne verteidigte er sein vermeintliches Recht in unpassender Weise gegenüber dem aufsichtsführenden Lehrer. Der Klassenlehrer, dem er zur Bestrafung überwiesen wurde, ließ ihn eine Viertelstunde unberücksichtigt. Als sich seine Erregung gelegt hatte, bekannte er reuemütig, gefehlt zu haben. Ein ermahnendes Wort hatte in diesem Falle mehr Wirkung, als eine Strafe gehabt haben würde; das war aus dem dankbaren Blicke des Jungen herauszulesen« (Kielhorn 1909, 80).

Wie sich die Situation aus der Sicht des geschlagenen Mädchens darstellte, wird nicht weiter erwähnt, was bedauerlich ist. Konzentriert man sich aber auf das Fallbeispiel des Jungen, wird eindeutig ein moderner pädagogischer Stil an den Tag gelegt. Es folgen noch zwei weitere Schilderungen, in denen Verständnis und Nachsicht gegenüber eigentlich unerwünschtem Verhalten gezeigt wurde. In der überwiegenden Zahl der weiteren Beispiele allerdings wurde die Prügelstrafe für die richtige Methode gehalten, angewendet an Jungen wie an Mädchen:

»In einer Familie ist der Mann ein gewalttätiger Trinker, die Frau ein zanksüchtiges Weib; die Kinder sind geistig minderwertig. Streitigkeiten und Prügeleien zwischen den Eheleuten kamen häufig vor, unflätige Schimpfereien bildeten die Umgangssprache, so daß sich die Kinder nicht scheuten, ihre Eltern mit Schimpfwörtern zu belegen.

Die älteste Tochter dieses Ehepaares war dessen getreues Abbild.
An Intelligenz, Rechtsbewußtsein und Gemüt leidlich gut begabt, aber an Ordnung und Gehorsam überhaupt nicht gewöhnt, suchte das Mädchen die Schulordnung zu durchbrechen und zu umgehen, wo es irgend möglich war. Von der Mutter aufgestachelt, wurde es in seinem 12. Jahre mehr und mehr frech; in herausfordernder Weise tat es gerade das, was ihm verboten war. Das Mädchen war auf dem Standpunkte angekommen: »Ihr dürft mich nicht schlagen. Redet was ihr wollt, ich mache, was ich will!« – bis es eines Tages von dem Klassenlehrer eine Züchtigung mit dem Stocke erhielt. Eine andere Lösung war nicht möglich. Die beschwerdeführende Mutter wurde abgewiesen, dem Kinde wurde eröffnet, daß es bei jedem Ungehorsam eine gleiche Strafe erhalten würde. Der Erfolg war, daß in den folgenden zwei Jahren wohl

1.2 »Schulen für schwachbefähigte Kinder«

noch etliche Male daran erinnert werden mußte, der Stock sei noch vorhanden; aber das Kind ordnete sich unter und wurde allmählich empfänglich für freundliche und gütige Behandlung« (Kielhorn 1909, 82).

Doch nicht nur in der Stadt, wie bei Kielhorn geschildert, sondern auch in besonders abgelegenen, armen Landgemeinden, wuchsen Kinder unter erbärmlichen Bedingungen auf. Der Kunsthistoriker Wilhelm Lübke stellte seinen eigenen Lebenserinnerungen (Lübke 1891) die seines Vaters voran. Peter Lübke, geboren 1798, schrieb seine ergreifenden und lesenswerten Erinnerungen unter der bescheidenen Überschrift »Aus dem Leben eines Volksschullehrers« auf. 1819 tritt er seine erste Stelle in einem kleinen, sehr abgelegenen Bauerndorf auf halber Strecke zwischen Köln und Kassel an. Die Schulgemeinde würde man aus heutiger Perspektive für verwahrlost halten – auch der aus einem zwar einfachen, aber gepflegten Haushalt stammende Junglehrer Peter Lübke sah das so: Während der Gutspächter auf dem Schloss »36 Pferde und 72 Kühe hielt« (ebd., 12), hungerten und froren die Bauern im Dorf. An einem kalten Dezembertag 1819 tritt der junge Lehrer das erste Mal in das weitgehend ungeheizte Schulhaus; das Entsetzen packt auch den mittlerweile über 90-Jährigen bei der Erinnerung daran:

»Wenn ich nicht eine so große Lust zum Lehrfache gehabt hätte, so hätte mir am ersten Tage beim Anblicke meiner Schüler der Mut sinken müssen; denn ein großer Theil derselben, besonders die Knaben, kamen im kalten Winter barfuß zur Schule, in grobe, schmutzige Leinewand gehüllt, die ehemals grau gewesen war. (...) Bei den Mädchen reichten die leinenen Röcke bis ans Knie, und die Füße waren nackt, aber mit einer Kruste von Schmutz bekleidet. Ich glaubte, unter die Hottentotten gerathen zu sein. Ueberdies hatten die Kinder in 1 1/2 Jahren keinen Lehrer gehabt und waren ganz verwildert. Bald gewahrte ich aber, daß es gutmüthige und folgsame Wilde waren, die sich culturfähig und empfänglich für den Unterricht zeigten. Mit großer Freude ging ich ans Werk, sie zu bilden und zu erziehen. Zuerst arbeitete ich darauf hin, daß sie mit Schuhen und Strümpfen zur Schule kamen« (Lübke 1891, 13).

Man kann sich denken, dass Peter Lübke einen weiten Weg vor sich hatte, aber man kann sich auch sehr gut vorstellen, dass auf seiner Agenda als allererstes warme Füße für die Kinder standen, bevor er an

Unterricht denken konnte. Diese Aufzeichnung eines Volksschullehrers sollte natürlich keine genuin heilpädagogische Beschreibung sein. Der Zusammenhang zwischen Armut und vorenthaltenen Bildungschancen wird jedoch überdeutlich und ergänzt die Beschreibungen aus dem 19. Jahrhundert, die sich auf die Zustände in den Städten konzentrieren.

1.3 Zu Beginn des 20. Jahrhunderts: Intelligenztest von Binet und Simon

1905 konstruierten der Psychologe Alfred Binet und der Arzt Théodore Simon den ersten Intelligenztest, der nach Schwierigkeitsgraden gestaffelt war (Myschker 1998, 38). Otto Bobertag legte für diesen Test eine deutsche Version vor, die 1912 vom Hilfsschularzt Fritz Chotzen »als eine weitgehend sichere und leicht zu handhabende Methode zur Erfassung geistesschwacher Kinder bzw. für das Überweisungsverfahren in die Hilfsschule« erkannt wurde (ebd.). Gerade aber im Zuge der sich verbreitenden Intelligenzüberprüfungen »wurde eindeutig nachgewiesen, dass Hilfsschulbedürftigkeit und medizinisch oder psychologisch definierter Schwachsinn (…) begrifflich keinesfalls gleichzusetzen waren. Fast die Hälfte der damaligen Hilfsschüler fiel im engeren Sinne nicht unter dieses Kriterium« (Kanter 2006, 147). Diese deutlichen Zusammenhänge hielten Lehrer wie den Hilfsschulrektor und späteren Nationalsozialisten Martin Breitbarth nicht davon ab, aus seiner Perspektive ein Leben in Armut als logische Konsequenz aus »geistiger Minderwertigkeit« abzuleiten (Breitbarth 1915). Auch gemessen an der Zeit – der erste Weltkrieg war bereits im Gange – liest sich der 1915 in der Verbandszeitschrift *Die Hilfsschule* veröffentlichte Vortrag Breitbarths mit dem Titel »Die Wechselbeziehungen zwischen geistiger Minderwertigkeit und sozialem Elend« erschreckend. Ohne Mitleid beschreibt er die elenden

1.3 Zu Beginn des 20. Jahrhunderts: Intelligenztest von Binet und Simon

Wohnverhältnisse der armen Familien – weniger, um den Zusammenhang zwischen den unwürdigen Umständen, in denen viele Familien lebten, mit den schulischen Problemen herzustellen, sondern zur Illustration des Zusammenhanges zwischen erblicher »Minderwertigkeit« und Leben in Armut. Die Beschreibungen von bis zu achtköpfigen Familien, die in einem Zimmer hausen und zum Teil ihr dürftiges Einkommen durch Schlaf- und Kostgänger aufwerten, sind erschütternd. (Schlaf- und Kostgänger waren meist Fabrikarbeiter, die in die Stadt kamen ohne eine Unterkunft zu besitzen. Sie schlüpften z. B. nach ihrer Nachtschicht in die soeben frei gewordenen Betten und konnten gegen ein Entgelt auch in der Familie essen, die dadurch ihr Einkommen aufbesserte.)

Ein in Wortwahl und Gesinnung abstoßender Artikel, der allerdings unfreiwillig – wenn auch vorwiegend in anderer Richtung gemeint – die Zusammenhänge zwischen Armut, ja Elendsverhältnissen und Hilfsschulbesuch beschreibt:

> »Es sind in der Tat die allerminderwertigsten Wohnungen in unserer Stadt, die von diesen Leuten, natürlich der Billigkeit wegen, gemietet worden sind, und so zeigt sich an dieser Stelle zum erstenmal deutlich, daß geistige Minderwertigkeit und soziales Elend Geschwister sind und sich gegenseitig bedingen« (Breitbarth 1915, 240).

Er berichtet nicht nur – wie oben bereits erwähnt – von Hilfsschülern, die mit ihrer sechs- oder mehrköpfigen Familie in einem Zimmer leben müssen, sondern auch von Wohnungen, in denen sich bis zu drei Personen ein Bett teilen müssen. Dass die Väter aber wenig Einkommen hätten, sei kein Wunder – daran schließt sich eine wiederum herablassende Beschreibung von Schülern wie Eltern, oft ehemaligen »Schulversagern« an. Die Eltern von Hilfsschülern, befragt nach einer möglichen Ursache für den »Schwachsinn« ihres Kindes, suchten aus Scham die Schuld beim nicht anwesenden Elternteil, was Breitbarth damit kommentiert, dass »zuweilen solche Auskünfte von einem unfreiwilligen Humor begleitet« seien (ebd., 238). Er habe des Öfteren feststellen können, dass »der abwesende Teil der Eltern jedesmal die indirekte Ursache für die Minderwertigkeit des Kindes abgeben mußte, obgleich der anwesende Teil den Stempel des Schwachsinns an der Stirn trug und auf Befragen auch zugeben mußte, daß er während der ganzen Schulzeit nicht über die Unterstufe der Volksschule hinausgekommen war« (ebd.). Nun, wenn bei Breitbarth von einem Stempel auf der Stirn die Rede ist, ist es wohl nicht übertrieben, hier von Stigmatisierung zu sprechen!

1.4 1922: Der erste Kongress für Heilpädagogik in München

Insgesamt erfreulicher zu lesen ist der Tagungsband zum ersten Kongress für Heilpädagogik in München (Goepfert 1923). Der Kongress fand 1922 im großen Hörsaal der Münchener Psychiatrischen Klinik statt – wie heute oft auch noch, trafen sich Vertreter und Vertreterinnen von Ärzte- und Lehrerschaft, Verbänden und Schulverwaltung. Heute nicht mehr so üblich ist, dass auch Geistliche teilnahmen. In einem recht psychiatrisch wirkenden Gesamtduktus des Beitrages – dies liegt an seiner fachlichen Beschäftigung mit psychologischen Profilen, wie er selbst in seinem Vortrag erwähnt – zählt der Hilfsschullehrer Karl Bartsch in seinem Redebeitrag zu beobachtendes Verhalten der Schüler auf:

> »1. Die Konzentration der Aufmerksamkeit, 2. Widerstand der Suggestion gegenüber, 3. Merkfähigkeit, 4. Gedächtnis für optische Wahrnehmungen, Elemente der Rede und Zahlen, 5. assoziative Prozesse: Auffassung, Kombinationsfähigkeit, Einbildungskraft und Beobachtungsfähigkeit« (Bartsch 1923, 63).

»Defekte in den psychischen Funktionen« (ebd.) werden zwar in einem Atemzug mit diesen Beobachtungen genannt; gleichzeitig wird aber von »Entwickelungshemmungen auf dem Gebiete des Intellekts, des Willens und des Gemüts« (ebd.) gesprochen – eine Art von Beschreibung, die insgesamt eher differenziert und nüchtern, weniger abwertend wirkt. Auch die Schulärztin Toni Schmidt-Kraepelin beschreibt Mannheimer Hilfsschulkinder ohne offene Abwertung:

>»Fast allen Kindern gemeinsame Eigentümlichkeiten waren verlangsamte Auffassung, geringe Merkfähigkeit, Gedächtnisschwäche, gesteigerte Ermüdbarkeit und Ablenkbarkeit, ferner Mangel an Phantasie und Interesse, Unselbständigkeit im Ausdruck, im Denken und im Handeln, Urteilsschwäche...« (Schmidt-Kraepelin 1923, 15).

Heute würde man von Kognition, Gedächtnis, Konzentration, Motivation, Sprache, Lernstrategien und Handlungsplanung sprechen. Eine Zwischenrolle nimmt der Arzt und Stadtmedizinalrat Walter Fürstenheim ein. Bei ihm ist – ähnlich Breitbarth – eine deutliche rassistische und abwertende Ausdrucksweise zu vernehmen. Interessant ist aber, dass er nicht nur allgemein die soziale Lage anspricht, sondern auch Alkoholmissbrauch in den Familien und traumatisierende Erlebnisse, wie man heute sagen würde – er spricht im Jargon der damaligen Zeit von »seelischen Erschütterungen« (Fürstenheim 1923, 12).

1.5 1930er Jahre, Nationalsozialismus und Nachkriegszeit: Offene Abwertung

In einer Gesamteinschätzung speziell der Hilfsschullehrerschaft bewertet Sieglind Ellger-Rüttgardt nach der Quellenlage die politische Haltung der meisten Verbandsfunktionäre eher rechtskonservativ, die Angehörigkeit zu einer linken Partei war die Ausnahme. Obwohl den meisten Hilfsschullehrern die soziale Lage ihrer Schülerschaft bekannt und bewusst war (vgl. dazu auch obiges Kielhornzitat von 1887), wurde dieses Thema ausgeblendet:

>»Dominierend blieb unter der Hilfsschullehrerschaft eine Auffassung, die entweder eine Wechselwirkung zwischen sozialer Lage und Schulleistung überhaupt negierte oder aber in genau umgekehrter Argumentation eine

mangelhafte geistige Veranlagung für soziales Elend verantwortlich machte« (Ellger-Rüttgardt 1998, 57).

Als Beispiel dafür zitiert sie Martin Breitbarth und den Quedlinburger Hilfsschullehrer Erich Gossow, dessen Aussage, dass »die Kinder aus diesen verseuchten Volksschichten nicht vollwertig sein können« (Gossow 1931, 151) wiederum menschenverachtend ist. Direkt im Anschluss aber verwendet er ein sehr zutreffendes Bild für die ausweglose Lage der Hilfsschüler:

> »Es treffen in diesem Milieu so viele negative Faktoren zusammen, die miteinander verknüpft sind wie die Fäden zum Fischnetz. Es gibt nur selten ein Entschlüpfen« (ebd.).

In der Nachkriegszeit ist es zuerst Paul Moor, der von Kindern spricht, »deren Entwicklung durch individuale oder soziale Faktoren dauernd gehemmt ist« (Moor 1965, 11). Er schlägt vor, »die Kinder, mit denen wir es in der Heilpädagogik zu tun haben, darum einfach ›entwicklungsgehemmte‹ Kinder« zu nennen (ebd.).

1.6 Sozio-kulturell benachteiligte Schüler: Ernst Begemann 1970

Eine wichtige Zäsur stellen die Werke von Ernst Begemann dar, allen voran das nur äußerlich schmale Büchlein »Die Erziehung der soziokulturell benachteiligten Schüler« (1970) – das Konzept der *soziokulturellen Benachteiligung* löste damit das *Schwachbegabungskonzept* ab bzw. wurde bevorzugtes Erklärungsmodell für Lernbehinderungen. Auch Begemann stellte – freilich aus einer völlig anderen Perspektive als Gossow 1931 – fest, dass es für soziokulturell Benachteiligte schwer ist, aus ihrer Zwangslage auszubrechen: Die Benachteiligung scheine »strukturell bedingt und nur unter gewissen günstigen Umständen überwindbar« (Begemann 1970, 71). In einer

Weiterentwicklung des Begemannschen Ansatzes von 1970 wird dieser Ansatz auch heute als der aktuelle angesehen, z. B. von Benkmann (2007) und Ellinger (2013b). Gustav O. Kanter fasste wenige Jahre später die damaligen Experteneinschätzungen zum beobachtbaren Lernverhalten des Personenkreises in einer Weise zusammen, wie sie fast von heute stammen könnte: Das Lernen sei »nicht grundsätzlich anderer Art als bei Nicht-Behinderten«, allerdings

> »ergeben sich vielfältige Muster struktureller Verschiebungen und zeitlicher Verzögerungen im Lernprozeß, so daß sich für den Behinderten in jedem Falle eine erschwerte Bildungs- und letztlich Personogenese ergibt« (Kanter 1977, 61).

1.7 Heute: Soziale Benachteiligung oder Beschreibung von Lernstörungen?

Im Vorwort zu ihrem Handbuch über Lernstörungen schreiben die Herausgeber Lauth, Grünke und Brunstein in einer gewissen Abgrenzung gegenüber den (nicht explizit genannten) Autoren Begemann, Benkmann und Ellinger:

> »Die Verbindung zu den Umgebungsbedingungen in Elternhaus und Schule wird durchaus gesehen, aber weit weniger als früher ideologisch diskutiert. Vielmehr herrscht eine relativ sachliche und pragmatische Sichtweise vor, die sich auf eine solide Diagnostik und eine rasche Linderung der jeweiligen Lernstörung konzentriert« (Lauth et al. 2014a, 9).

Dieses Zitat könnte man dahingehend als gönnerhaft empfinden, dass das Thema soziale Benachteiligung eher »von gestern« sei bzw. es gerät in die Nähe von ideologischen Diskussionen im Gegensatz zu sachlichen Sichtweisen, die das vorliegende, evidenzbasierte Werk tragen. Man kann es aber auch tatsächlich als Wunsch nach einer sachlichen Beobachtung sehen, die die Ätiologie versucht auszuklammern – was nicht einfach ist. Auf den folgenden Seiten werden

1 Geschichtliche Perspektive auf beeinträchtigtes Lernen

beide großen Blickrichtungen eingenommen: Die Perspektive, die danach fragt, wo diese Kinder und Jugendlichen herkommen und die somit einen Schwerpunkt darauf legt, was es bedeutet, in sozialer Benachteiligung zu leben und zu lernen und die Perspektive, die mehr beobachtet als erklärt, die beschreibt, wie diese Schüler sind. Beides hat seine Berechtigung. Es wird dem Interesse der Leserinnen und Lesern überlassen, worin sie sich vor allem vertiefen möchten.

2

Aktuelle Perspektiven auf Lernbeeinträchtigungen

2.1 Was Lernende in die Schule mitbringen, Teil 1: Leben und Lernen in sozialer Benachteiligung

Der Zusammenhang zwischen der Lebensumwelt der Schülerschaft und ihren Lernproblemen wurde von Anfang an gesehen; im Verlauf der Weimarer Republik wurde er allerdings verdrängt und passte in der Zeit des Nationalsozialismus nicht mehr in die herrschende Ideologie. Eine Wegmarke war die im geschichtlichen Kapitel bereits erwähnte Monographie von Ernst Begemann, die bis heute wahrgenommen und zitiert wird. Sie findet sich in den Literaturverzeichnissen aller relevanten Monographien und Handbücher der Pädagogik bei Lernbeeinträchtigungen bzw. Lernschwierigkeiten. In seinem Werk räumte Begemann (1970, 28 ff.) mit der *Schwachsinnshypothese* auf. Indem er sich auf zahlreiche empirische Studien stützte, wie die von Siegfried Gehrecke oder Gerhard Klein, arbeitete er den engen Zusammenhang zwischen Hilfsschulbesuch und soziokulturellen Determinanten heraus, wie z. B. geringem Einkommen, zu kleinen Wohnungen, Kinderzahl der Familien, Berufstätigkeit und Erziehungsverhalten der Eltern. Begemann zeigte also schon vor 60 Jahren, dass »Hilfsschulkinder« nicht nur unter ungünstigen Wohn- und Lebensverhältnissen leiden, sondern auch die psychosoziale Situation in der Familie essentiell ist – auch wenn sie nur aus zwei Mitgliedern besteht. Den Begriff der *soziokulturellen Benachteiligung* verwendete Begemann »in einem übergreifenden Sinne, der die ökonomischen, die ökologischen und die spezifischen kulturellen Faktoren der Umwelt der Hilfsschüler erfassen soll« (ebd., 56). Schon in den Empfehlungen der Kommission des Deutschen Bildungsrats von 1973/74 wurde anstatt von *soziokultureller* von *sozialer Benachteiligung* gesprochen. Stephan Ellinger (2013b) verwendet dieses Konzept in Erweiterung der *soziokulturellen Benachteiligung* nach Begemann; er ergänzt diese um Felder möglicher Risikofaktoren wie Risikofamilien, Migration und Traumatisierung – Aspekte, die Begemann womöglich miteinbezogen hätte, wenn in den siebziger Jahren des 20. Jahrhunderts diese Themen bereits im Fokus des sonderpädagogischen Interesses gestanden hätten. Tatsächlich aber wurden sie damals kaum diskutiert und gesehen. Man könnte diese Bereiche als *soziale Benachteiligung im weiteren Sinne* klassifizieren, denn selbstverständlich gibt es auch Risikofamilien, die nicht primär sozial benachteiligt sind. *Traumatisierungen* kommen nicht nur in sozial benachteiligten *Risikofamilien* vor, sondern können auch durch Ereignisse entstehen, die außerhalb der Familie liegen. Auch sind längst nicht alle Familien mit Migrationshintergrund sozial benachteiligt. Alle Einordnungsversuche zeigen nur *Möglichkeiten* auf – kein Leben ist wie das andere.

2.1.1 Leben in Armut

Hans Weiß, der sich als Sonderpädagoge seit Jahrzehnten durch seinen Einsatz um den Zusammenhang von *Armut* und Lernbeeinträchtigungen einen Namen gemacht hat, unterscheidet im Blick auf unseren Personenkreis *Armut als relatives Phänomen* von *absoluter Armut*. Bekanntermaßen ist letztere eine »existenzgefährdende Mangellage« (Weiß 2016, 418), wie sie in den Ländern der »Ersten Welt« eine Ausnahme ist – Weiß nennt hier Obdachlose oder Straßenkinder. *Relative Armut* hingegen

> »bezeichnet einen individuell und sozial relevanten Zustand, in dem jemand über materielle und nichtmaterielle Lebensgrundlagen und Lebenschancen, die (inter-)subjektiv als essenziell gelten, nur in einem Ausmaß verfügt, das als (erheblich) eingeschränkt erachtet wird« (ebd.).

Mit dem Hinweis auf »nichtmaterielle Lebensgrundlagen und Lebenschancen« bei Weiß wird deutlich, dass es bei *Armut* nicht ausschließlich um finanzielle Ressourcen geht. Thomas Müller arbeitete in diesem Zusammenhang stimmig mit seinem Konzept der *inneren und äußeren Armut* einen Armutsbegriff heraus, der wieder eine Brücke zum Konzept der sozialen Benachteiligung schlägt. Dass es fast unmöglich, eigentlich ein Paradoxon ist, innere Armut wirklich zu verstehen, machen folgende Überlegungen von Müller deutlich:

> »Letztlich sind alle Beschreibungs- und Erklärungsversuche Ergebnis einer Differenz und zugleich einer Fremdwahrnehmung: Denn wer vorgibt zu wissen, was innere Armut ist, der kennt einen zumindest subjektiv zu verstehenden inneren Reichtum und kann innere Armut (nur) in Differenz von diesem ausmachen« (Müller 2013, 99).

Im Folgenden wird vorgestellt, was ein Leben in Armut bedeutet und wo es das Lernen beeinträchtigen kann. Das Modalverb *kann* ist dabei bedeutend, denn es kann nicht oft genug betont werden, dass die Aufzählungen und Übersichten nicht dazu verleiten wollen, die Schlussfolgerung zu ziehen, »dass Kinder in armen Familien automatisch vernachlässigt werden« (Kottmann 2006, 156). Brigitte Kottmann betont in ihrer Dissertationsschrift ganz zu Recht:

31

»Durch ein hohes kulturelles und soziales Kapital und eine entsprechende Unterstützung der Kinder kann eine ökonomische Unterversorgung durchaus kompensiert werden« (ebd.).
Auch für den letzten Satz gilt: Man beachte das Wörtchen *kann*. Nun aber zur Armut: Sie wurde viele Jahre als Folge von Minderbegabung, nicht als Ursache von Lernbehinderung gesehen; eine andere Sichtweise kam mit Gerhard Klein und vor allem Ernst Begemann auf – dies wurde oben bereits ausführlich dargestellt und diskutiert. Diese veränderte Sichtweise war zu Begemanns Zeiten derart populär, dass die Zeitschrift für Heilpädagogik 1971 einen Artikel von Felix Mattmüller veröffentlichte, der gemessen an der wissenschaftlichen Arbeitsweise eher ein Statement darstellt: Die sparsamen Belege nennen nur Namen (z. B. Begemann), aber keine Jahreszahlen, ein Literaturverzeichnis fehlt gänzlich. Bemerkenswert ist das Titelzitat eines Textes von Ulrike Meinhof im linken Wochenmagazin *Konkret*: »Doof, weil arm« (Mattmüller 1971). Diese Aussage ist deutlich positioniert, aber – gelinde ausgedrückt – sehr plakativ, wenig nuancenreich und aus heutiger Sicht nicht zeitgemäß. Anfang des 21. Jahrhunderts ging Katja Koch (2004a) mit ihrer deutschlandweiten Untersuchung der Frage nach, ob die soziale Lage der Schülerschaft an Schulen für Lernbehinderte bzw. Förderschulen immer noch in negativer Richtung von der Gesamtbevölkerung abweicht und ob es immer noch eine besonders benachteiligte Gruppe gibt. Die letzte Frage beantwortete Katja Koch mit der Gruppe der Eltern aus den »NBL«, wie sie damals noch genannt wurden, also den »Neuen Bundesländern« nach der Wiedervereinigung. Die erste Frage beantwortete sie mit dem Ergebnis, dass sich zwar die soziale Lage der untersuchten Gruppe – wie im Zuge der Wohlstandsentwicklung zu erwarten war – im Vergleich zu den Ergebnissen älterer Studien verbessert hat. Allerdings musste sie auch eindeutig feststellen, dass die Lage »auch unter derzeitigen gesellschaftlichen Bedingungen als benachteiligend einzuschätzen« sei (ebd., 199). Auch 2010 hielt Koch fest, dass der Zusammenhang zwischen Bildungschancen und sozialer Herkunft weiterhin sehr eng ist. Die These Benkmanns, dass Lernprozesse sozial konstituiert seien, fügt sich nahtlos an Kochs

2.1 Leben und Lernen in sozialer Benachteiligung

Studienergebnisse an, denn Benkmann (2007, 89) sieht einen zweiseitigen Zusammenhang zwischen Einkommensarmut und mangelnder sozialer Kompetenz, welche wiederum zu Lernbeeinträchtigungen führe. Auch Timm Albers hält fest, dass arm sein heute nur noch zu einem kleinen Teil bedeutet, einen Mangel an Nahrung und Kleidung zu erleiden. Die Vielschichtigkeit des Problems erstrecke sich »auf Dimensionen wie Gesundheit und Wohlempfinden, soziale Netzwerke und Partizipation sowie Bildungs- und Berufschancen« (Albers 2008, 5). Als besonders unglücklich schätzt er den Umstand ein, dass von Armut betroffene Kinder und Jugendliche auch in der Schule oft ausgegrenzt werden – dabei stellt diese manchmal den einzigen Ort dar, in dem sie Kontakte knüpfen könnten. Dabei schämen sie sich meist ihrer sozialen Lage. Albers fasst vier Armutsdimensionen zusammen (▶ Abb. 1). Die materielle ist die naheliegende Dimension (▶ Tab. 3), aber an ihr kann man arme Kinder heute nicht mehr sofort erkennen. Interessanter sind die drei anderen Dimensionen, die man sich als »reicher Mensch« bewusst vor Augen führen muss, um die betroffenen Kinder und Jugendlichen besser zu verstehen (▶ Tab. 4).

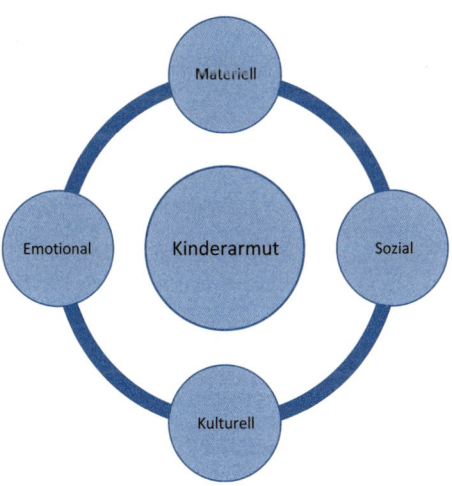

Abb. 1: Dimensionen von Kinderarmut (nach Albers 2008, 6)

2 Aktuelle Perspektiven auf Lernbeeinträchtigungen

Tab. 3: Kinderarmut – Materielle Dimension (nach Albers 2008, 6)

Armutsdimension	Auswirkungen
Materielle Dimension	• Hunger • Fehlende, schlechte, kaputte Kleidung • Schlechte, billige Schulmaterialien • Sozialhilfe, Leben am Existenzminimum • Unzureichende Wohnsituation • Mangelnde Hygiene

Tab. 4: Kinderarmut – soziale, kulturelle und emotionale Dimension (nach Albers 2008, 6)

Armutsdimension	Auswirkungen
Soziale Dimension	• Alleine sein • Freunde meist nur im eigenen sozialen Umfeld • Elternrolle übernehmen, familiäre Instabilität • Fehlende Unterstützung, Streit • Fehlende Kontakte in andere soziale Gesellschaftsebenen • Auffällige Verhaltensweisen
Kulturelle Dimension	• Fehlendes adäquates kulturelles Angebot • Fehlende Chancen an kulturellen Veranstaltungen, Produkten, Einrichtungen teilzuhaben • Sprachliche Armut • Fehlende Möglichkeiten, sich zu Literatur, Musik, Kunst u. a. zu äußern
Emotionale Dimension	• Fehlende Sicherheit, Halt, Unterstützung • Fehlende Geborgenheit und Liebe • Sich selbst überlassen sein • Fehlendes Zuhören • Streit und Konflikten ausgeliefert sein • Aggression und Frustration • Gleichgültigkeit und Rückzug

2.1 Leben und Lernen in sozialer Benachteiligung

Till Jürgensmeier (2010, 50 f.) stellt mit »Jonas – Das Opfer« eine Fallstudie in einem Sammelband vor, die einen besonders krassen Fall eines Jungen zeigt, für den einige Aspekte aus der obigen Tabelle zutreffen. Die Klasse stabilisierte sich durch Demütigungen und Gewalt gegen Jonas, der unter anderem durch sein ungepflegtes Äußeres auffiel, vordergründig selbst. Für den schwachen Schüler einer Hauptschule gab es als Ausweg nur noch den Schulwechsel. Auch Ellinger (2013b, 54 f.) führt Beispiele auf, wie sich Armut direkt und indirekt auf die Sozialkontakte auswirkt: So fehlt Geld für Freizeit, aber auch für Geschenke, die man ja bräuchte, um Einladungen annehmen zu können. Selbst wenn ein Kind trotz Armut die Chance auf Geburtstagspartys bekommt, muss es vielleicht die Einladung ausschlagen, weil das Geld für ein angemessenes Geschenk fehlt und die Eltern auch nicht hilfreich in der Herstellung eines selbst Gebastelten sind. Eine grundsätzliche Unsicherheit, die sich zunächst aus der Angst vor Kosten speist, welche vielen angenehmen Freizeitvergnügen folgen, kann sich als Grundstimmung in der Familie ausbreiten und sich ebenfalls negativ auf das Lernen in der Schule auswirken. Thomas Müller (2013) unterscheidet die *innere* von der *äußeren Armut*. Dabei geht es ihm weniger um statistische Daten, sondern darum, wie ein Mensch arm sein erlebt. Äußere Armut füllt Müller mit Beispielen, wie sie sich in der Tabelle 3 von Timm Albers, der *Materiellen Dimension* der Armut, wiederfinden. Ganz richtig ergänzt Müller hier die Kleidung noch um den Aspekt der mangelnden Passung zu Jahreszeit und Wetter – ein Phänomen, das sich in der Praxis an Förderzentren sehr häufig beobachten lässt. Die soziale Dimension ordnet er als »mit äußerer Armut in Verbindung« stehend ein (ebd., 93). Von *innerer Armut* spricht Müller dann, wenn es um Prozesse geht. Dabei versteht er *innere Armut* nicht einfach als die innere Seite der äußerlichen Armut – womit er die übrigen Armutsdimensionen nach Albers vorstellen würde. Auch wenn es sehr große Überschneidungen gibt: Es geht um eine Art von Armut, die sehr häufig mit äußerer Armut einhergeht, aber auch bei den Kindern und Jugendlichen vorkommen kann, die im materiellen Reichtum leben. Müller stellt *mögliche Aspekte äußerer und innerer Armut* zusammen – vgl. dazu die untenstehende nach Müller erstellten, leicht gestrafften Tabellen 5 und 6:

Tab. 5: Mögliche Aspekte äußerer Armut (nach Müller 2013, 104):

Mögliche Aspekte äußerer Armut	
Nahrung	zu wenig, zu unregelmäßig, minderwertig
Kleidung	nicht saisongerecht, fehlend, mangelhaft
Schulmaterialien	minderwertig, unzureichend
Finanzen	Leben am Existenzminimum
Wohnen	beengt, ohne eigenes Zimmer, Bett oder Schreibtisch
Hygiene	unzureichend
Familie	nicht altersadäquate Rollen übernehmen müssen, Instabilität, fehlende Unterstützung, Konflikte und Gewalt
Verhalten	auffällige Verhaltensweisen infolge sozialer Benachteiligung und unverhältnismäßiger Bedürfnisaufschübe

Tab. 6: Mögliche Aspekte innerer Armut (nach Müller 2013, 104):

Mögliche Aspekte innerer Armut	
Ausgeliefertsein	Erleben von Ausgeliefertsein: keine Veränderungen, keine Lebensalternativen mehr denken und ermöglichen können
Identität	das eigene Leben und Erleben zu keiner positiv besetzten, zukunftsorientierten Identität zusammenfügen können
Alleinsein	auf sich selbst verwiesen sein, hoher Eigenverantwortlichkeit ausgesetzt sein
Soziale Ausgewogenheit und emotionale Offenheit	soziale Ausgewogenheit und emotionale Offenheit gegenüber sich und anderen fehlen

Tab. 6: Mögliche Aspekte innerer Armut (nach Müller 2013, 104): – Fortsetzung

Mögliche Aspekte innerer Armut	
Materielles	starke Ausrichtung am Materiellen – gezwungen oder nicht
Rituale und Strukturen	Rituale und Strukturen fehlen
Lieblosigkeit	Lieblosigkeit statt verlässliche Zuwendung und emotionale Wärme
Sprachliche Armut	eigene Bedürfnisse nicht adäquat ausdrücken können
Kreativität	fehlende Möglichkeiten, kulturschaffend und kreativ tätig zu sein

Hans Weiß unternimmt ebenfalls den Versuch, die Vielschichtigkeit des Problems gerade für Kinder aufzuzeigen: Diese sind oft multipler Deprivation ausgesetzt, die psychosoziale Risiken nach sich ziehen. Auch macht er auf den Teufelskreis von Vernachlässigung aufmerksam, in dem sich arme Familien befinden:

»Armut, besonders in der Kumulation ökonomischer, sozialer und psychischer Belastungen, ist ein Nährboden für Kindesvernachlässigung, vor allem dann, wenn Eltern als Kinder eigene Vernachlässigungserfahrungen gemacht haben« (Weiß 2016, 419).

Vielschichtigkeit aufzuzeigen ist auch das Anliegen des neuesten Armutsberichtes des Paritätischen Wohlfahrtsverbandes. Dies ist aus den einzelnen Beiträgen, aber auch deutlich bereits aus dem Vorwort des Geschäftsführers Ulrich Schneider abzulesen. Zwar werden Statistiken ausgewertet, vor allem aber soll es darum gehen, ein tieferes Verständnis für die einzelne Person mit Armutserfahrungen zu wecken (Schneider 2016, 1). Für unsere Fragestellung interessant ist besonders der Beitrag »Auswirkungen von Armut auf die Lebenswirklichkeit und Entwicklung von Kindern und Jugendlichen« von Marion von zur Gathen und Jana Liebert (2016). Bezugnehmend auf populäre große Studien wie die KiGGS Studie des Robert-Koch-Instituts sowie Veröffentlichungen von Wissenschaftlern wie Klaus Hurrelmann, zeigen auch sie verschiedene Dimensionen von

Kinderarmut im Jahr 2016 auf. Aus der Perspektive von Fachleuten, die bei einem Sozialverband arbeiten, stellen sie allerdings vor der Beschreibung weiterer Dimensionen die ihrer Auffassung nach herausragende Bedeutung der Einkommensarmut in den Mittelpunkt. Diese bilde zwar »nur eine Armutsdimension« ab (ebd., 35), dennoch dürfen ihrem Standpunkt gemäß

»Bedeutung und Auswirkungen von Einkommensarmut auf die Situation und auf die Lebens- und Entwicklungsbedingungen von Kindern und Jugendlichen weder vernachlässigt noch kleingeredet werden. Einkommen ist und bleibt das zentrale Mittel für Teilhabe und Verwirklichungschancen« (ebd.).

Nachfolgend führen sie folgende Dimensionen auf: *Einkommensdimension, Bildungsdimension, Wohnverhältnisse, Gesundheit* (▶ Tab. 7) und schließen mit einem ausführlichen Absatz zur Forderung nach Partizipation. Bezüglich der *Einkommensdimension* werden nicht nur aktuelle Armutsgrenzen genannt, die aber für unsere Fragestellung nicht relevant sind, sondern es wird berechtigterweise ebenso darauf hingewiesen, dass die bürokratische Regelung von Transferleistungen betroffene Familien oft davon abhält, das zu bekommen, was ihnen nach dem Gesetz eigentlich zustünde. In der *Bildungsdimension* nehmen die Autorinnen zunächst die Schulbildung in den Blick – hier monieren sie, dass eine niedrige Schulbildung fast zwangsläufig in zukünftige Einkommensarmut führe. Bezüglich *kultureller Teilhabe* üben sie Kritik am sogenannten Bildungs- und Teilhabepaket der Bundesregierung, da diese Maßnahme Bildungshindernisse eher auf- als abbaue. Auch hier wird nicht zu bewältigende Bürokratie als Grund genannt. Die Dimension *Wohnen* überschreiben die Autorinnen mit dem plakativen Slogan »Wenn der Stadtteil zum Ort der Benachteiligung wird!« (ebd., 38). Wohnviertel, in denen arme Kinder wohnen, sind gekennzeichnet durch schlechte, oft feuchte Bausubstanz, die gesundheitsgefährdend sein kann, sowie durch die Lage an verkehrsreichen Straßen ohne ausreichend Grünflächen im nahen Umfeld. Dies führt einerseits zu einer hohen Schadstoffbelastung und andererseits zu nicht ausreichenden Spiel- und Bewegungsgelegenheiten. Auch schlechte Infrastruktur und mangelnde Freizeitmöglichkeiten werden moniert. Die *Gesundheitsdimension* ergibt sich zum Teil aus der gerade beschriebenen Wohnsituation, aber auch aus mangelhafter Ernährung. Dass minderwertige Nahrung gekauft und zubereitet wird, liegt allerdings nicht nur am Kostenfaktor, sondern vor allem auch an Unwissenheit über gesunde Ernährung und sinnvolles Einkaufsverhalten.

Tab. 7: Was bedeutet es 2016, arm zu sein? (nach Gathen, von zur/Liebert 2016)

Dimension der Armut	Auswirkungen
Einkommen	• Betroffene erhalten aufgrund bürokratischer Hürden oft nicht das, was ihnen zustehen würde.
Bildung	• Niedrige Schulbildung führt meistens in zukünftige Einkommensarmut. • Bildungs- und Teilhabepaket der Bundesregierung baut Bildungshindernisse eher auf als ab.
Wohnen	• Wohnviertel zeichnen sich aus durch hohes Verkehrsaufkommen, wenig Grün- und Spielflächen und oft mangelhafte Infrastruktur. • Die Bausubstanz ist oft unzureichend bis gesundheitsgefährdend.
Gesundheit	• Bewegungsmangel gefährdet die gesunde Entwicklung der Kinder und Jugendlichen. • Unzureichende Ernährung, teilweise aus Unwissenheit, führt zu Übergewicht und Mangelerscheinungen.

2.1.2 Leben in einem bildungsfernen Milieu

Abkehr vom reinen Schichtenmodell

Der plastisch klingende Begriff *Schicht* unterscheidet, wie man sich bildlich gut vorstellen kann, Gruppen von Menschen von oben nach unten. Ellinger führt das so genannte *Zwiebel-Modell* von Karl Martin Bolte als bekannten Versuch einer Einteilung von Menschen an (Ellinger 2013b, 41). Im vertikalen Schichtenmodell werden die

Bürgerinnen und Bürger einer Gesellschaft im Wesentlichen nach ihrer Bildung und ihrer Einkommenssituation unterschieden. Soziale Benachteiligung als Kategorie, die nur nach der Schichtzugehörigkeit fragt und beurteilt, gilt allerdings schon seit längerem überholt. Schon Begemanns Begriff der *soziokulturellen Benachteiligung* war weiter gefasst. U. a. Katja Koch bezweifelt, »dass Schichtenmodelle noch in der Lage sind, die wesentlichsten Determinanten sozialer Ungleichheit zu erfassen« (Koch 2007, 106). Ellinger argumentiert:

> »Wenn wir etwas pädagogisch Nennenswertes über das Leben der Menschen erfahren wollen, brauchen wir einen anderen Zugang« (Ellinger 2013b, 43).

Ein solcher Zugang ist der Milieubegriff.

Der soziologische Milieubegriff

Er fasst Gruppen zusammen, »die sich hinsichtlich ihrer wichtigsten Werte, ihrer Prinzipien der Lebensgestaltung, ihrer Wahrnehmungen, der Gestaltung ihrer Beziehungen zu den Mitmenschen und ihrer Mentalität ähneln« (Ellinger 2013b, 44). Zwar stellen auch Milieubeschreibungen immer in einem gewissen Maß Klischees dar, sie sind aber dennoch hilfreich für das Verständnis von Gruppen, da sie einen Versuch darstellen, Strukturen in unserer Gesellschaft zu verstehen. Regelmäßige Ergebnisse über Milieus in den deutschsprachigen Ländern liefert das Sinus Institut, wenngleich es vorrangig kommerzielle, vor allem Werbeinteressen bedient (Sinus 2017). Die von Sinus entworfene »Kartoffelgrafik« stellt die sich zum Teil überlappenden Milieugruppen sehr anschaulich dar. Etwas weniger kommerziell orientiert sind die Veröffentlichungen des Delta Instituts, das personell mit dem Sinus Institut eng verbunden ist. Auch hier finden sich die kartoffelartigen Milieuschaubilder, in denen sich auch mathematisch wenig bewanderte Personen sofort orientieren können, denn die Titel sind einleuchtend und die Grafik ist einfach aufgebaut: Je höher das *materielle und soziale Kapital* einer Gruppe, desto weiter oben befindet sich die Blase oder »Kartoffel«. Je höher das *kulturelle Kapital* ist, desto weiter rechts ist das Milieu im

Schaubild angesiedelt. Für unseren Personenkreis sind vor allem die beiden »Milieus der modernen Unterschicht« (Delta 2017a) von Bedeutung, nämlich das der *Benachteiligten*, von Delta wie von Sinus als »um Orientierung und Teilhabe bemühte Unterschicht« betitelt (ebd.), und das der *Hedonisten*, als »spaß- und erlebnisorientierte moderne Unterschicht/untere Mittelschicht« gekennzeichnet (ebd.; ▶ Abb. 2).

Es ist deutlich zu erkennen, dass die Milieumodelle ohne den Soziologen Bourdieu nicht denkbar sind.

Der Habitusbegriff nach Pierre Bourdieu

Der Soziologe stellte folgende Erkenntnis an den Anfang seiner Monographie:

> »Auch kulturelle Güter unterliegen einer Ökonomie, doch verfügt diese über ihre eigene Logik« (Bourdieu 2013, 17).

Ökonomische Begriffe verwendend, spricht Bourdieu von *kulturellem Kapital*. Dieses wird durch Schulbesuch, Abschlüsse und Titel erworben, drückt sich aber auch in der Bevorzugung bestimmter Musik oder Lektüre aus. Der *Habitus* als Begriff für ein Muster an Verhaltensformen und Bevorzugungen (Musik, Kunst, Lektüre, Nahrung, Kleidung, Körperpflege u. a.) wiederum ist »nicht nur strukturierende, die Praxis wie deren Wahrnehmung organisierende Struktur, sondern auch strukturierte Struktur« (ebd., 279). Dies bedeutet in einfacheren Worten: Sowohl strukturiert, also ordnet und beeinflusst der Habitus die soziale Welt und die Verhaltensweisen der Menschen, als auch wird er durch diese beeinflusst und geordnet. Ellinger schätzt die Bedeutung der Konzepte Bourdieus, gerade der »Kapitalsorten«, für die Pädagogik als hoch ein:

> »Mit dieser Unterscheidung wird deutlich, dass statische Strukturen und überkommene Besitzverhältnisse auch wesentlich über die Teilhabe am kulturellen Leben – und damit an Bildung und Aufstiegsmöglichkeiten – einer Gesellschaft bestimmen« (Ellinger 2013b, 43).

2 Aktuelle Perspektiven auf Lernbeeinträchtigungen

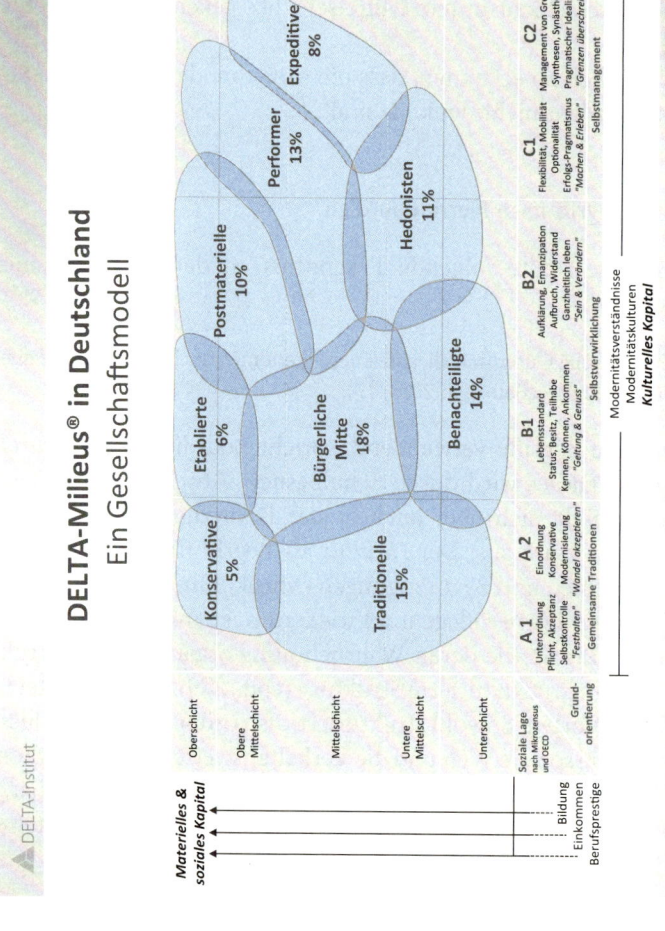

Abb. 2: Delta-Milieus: Gesellschaftsmodell (Delta 2017b)

Leben in einem bildungsfernen Milieu

In der Veröffentlichung »Wie ticken Jugendliche?« (Calmbach et al. 2016), die auf den Ergebnissen einer Studie des Sinus Instituts basiert, werden Lebenswelten der Jugendlichen auf der Basis qualitativer Interviews und Foto- sowie Textdokumentationen dargestellt, wodurch ein sehr farbiges und individuelles Bild entsteht. Für den Personenkreis aus dem Förderschwerpunkt Lernen ist besonders das Milieu der *Prekären* relevant. Die *Prekären*, Untertitel *Die um Orientierung und Teilhabe bemühten Jugendlichen mit schwierigen Startvoraussetzungen und Durchbeißermentalität* wurden so genannt, weil dieser Begriff auch das unsichere Gefühl benennt, mit dem sie sich durchs Leben schlagen, und nicht nur ihre soziale Situation betitelt. Zwar wird beobachtet, dass ein Teil der Jugendlichen versucht, aus ihrer schwierigen Lebenssituation herauszukommen; dem größeren Teil wird es wohl eher nicht gelingen:

»Viele sind sich ihrer sozialen Benachteiligung bewusst und bemüht, ihre Situation zu verbessern, sich nicht (weiter) zurückzuziehen und entmutigen zu lassen. Aber das Gefühl, dass Chancen strukturell verbaut sind, oder auch, dass man sie sich selbst verbaut (z. B. durch Drogenkonsum, Kriminalität, schlechte Schulleistungen), und die daraus resultierende Angst vor geringen Teilhabemöglichkeiten sind in dieser Lebenswelt dominant« (ebd., 76).

Interessant ist der Umstand, dass die Jugendlichen aus dem prekären Milieu die Rolle der Familie als enorm wichtig bezeichnen und diese in idealisierter Weise beschreiben, obwohl oder gerade weil dieses Idealbild mit dem, was sie tatsächlich erleben, wenig gemein hat. Im Gegenteil: Die Umstände in der Familie in *benachteiligten Milieus* (Delta) wie im so genannten *Prekären Milieu* (Sinus) sind oft wenig dazu geeignet, Kinder und Jugendliche in ihrer Entwicklung zu unterstützen, was sich auf den gesamten Lebensweg, aber eben auch im Speziellen auf den Lernerfolg sehr negativ auswirken kann. So fehlt häufig vom Säuglingsalter an die Zuwendung der Eltern und es mangelt an geeigneten Lernanreizen (Lauth et al. 2014b, 27); dazu kommt, dass die Kinder oft Brüche im Lebenslauf mitmachen müssen, die auch häufige Schulwechsel nach sich ziehen (Klein 2001, 59). In unserem

Kulturkreis als sozial höher bewertete Freizeitbeschäftigungen wie das Lesen von Büchern oder Theaterbesuche erleben Schüler mit Lernbeeinträchtigungen äußerst selten oder nie (Koch 2004b, 420); die Erziehung ist in weniger gebildeten Elternhäusern oft von einem autoritären Stil geprägt (Koch 2007, 112). Die Umgangsweisen sind generell für die gesamte Entwicklung, vor allem aber für das Lernen ungünstig: Die Familienmitglieder interagieren und kommunizieren wenig; das Kind erhält zu wenig Unterstützung bei der Bewältigung der schulischen Aufgaben (Lauth et al. 2014b, 27). Bei Schwierigkeiten wird es nicht angemessen unterstützt – nicht nur inhaltlich, sondern auch emotional (Kretschmann 2007, 16). Dabei würden die Eltern das Kind gerne unterstützen, fühlen sich von dieser Aufgabe aber oft überfordert (Horstkemper 2014, 59). Die Familie ist jedoch wie alle anderen Bedingungen auch nicht für sich alleine zu sehen; Katja Koch bezeichnet sie als »wichtige moderierende Variable« (Koch 2010, 157).

Nachfolgendes Zitat illustriert die Antwort einer Jugendlichen aus dem prekären Milieu auf die Frage: Was gibt deinem Leben Sinn? Es zeigt sich eine auffällige Idealisierung der Familie, verbunden mit dem Aspekt des »Durchbeißens«:

> »Meiene Familie
> 1. Meine Mama. sie ist immer für michda und das seid 17 jahren
> 2. Mein Papa. Er ist zwar manchmal schwer aber Ich liebe Ihn Trotzdem.
> 3. Meine über alles geliebte Schwester. Sie zeigt mir das sich kämpfen lohnt und das man immer seine Träume nie auf geben soll.
> Das sind meine wichtigsten Mensch inleben!!!« (Calmbach et al. 2016, 79; die ursprüngliche Rechtschreibung wurde beibehalten).

In ihrem für die Pädagogik und Didaktik bei Lernbeeinträchtigungen äußerst relevanten Beitrag »Die schulischen Habitusformen privilegierter und nichtprivilegierter Kinder im Vergleich« stellt Rahel Jünger (2014) die Ergebnisse einer Schweizer Studie vor. Die Kinder sollten sich vorstellen, dass sie einem Außerirdischen »Schule« beschreiben sollen; dabei zeigten sich frappierende Unterschiede zwischen den Kindergruppen. Jünger arbeitete dabei vor allem den Fokus auf Funktion, existentiellen Druck und wenig Wissen über das Bildungssystem heraus. Mit Fokus auf Funktion beschreibt sie die Beobachtung, dass nichtprivilegierte Kinder das in der Schule zu erwerbende Wissen vor allem rein zweckgebunden ansehen: »Der Sinn der Lerninhalte wird fast ausnahmslos auf deren spätere Verwendbarkeit reduziert« (ebd., 84). Dies hat zur logischen Konsequenz, dass »nicht direkt Verwendbares sinnlos wird und Motivationsprobleme entstehen können« (ebd.). Was die berufliche Zukunft der Kinder angeht, so beobachtete Jünger aufgrund des Diskussionsmaterials, dass die Kinder zum einen niedrige Erwartungen an ihre berufliche Zukunft haben und sie außerdem kaum danach gehen, ob ein Beruf interessant und mit Freude verbunden sein könnte, sondern nur danach, ob sie ihn mit geringer Schulbildung erreichen können. Verbunden ist der Gedanke an die Berufswahl mit existentiellem Druck. Als Beispiel für das geringe Wissen über das Bildungssystem nennt Jünger die häufig anzutreffende Fehlmeinung, dass die Eltern für die Kinder Schulgeld bezahlen, sie sich somit auch deshalb anstrengen, damit das gezahlte Geld nicht verschwendet wird (ebd., 85). Auch dies ist keine freudvolle Motivationsgrundlage. Gotthilf G. Hiller (2016) beschreibt den Habitus bzw. das Verhaltensmuster Jugendlicher und junger Erwachsener in riskanten Lebenslagen auf verschiedenen relevanten Feldern. Bei diesen Feldern handelt es sich um die Bereiche »Schule, Ausbildung, Erwerbsarbeit«, »Finanzen«, aber auch um »Soziales Netz« – insgesamt listet Hiller neun lebensrelevante Felder auf, in denen er den Habitus der Jugendlichen bzw. jungen Erwachsenen beschreibt sowie die damit verbundenen Probleme. Relevant für das Lernen scheinen vor allem folgende Zusammenhänge: Für ihre Ausbildung brauchen die Jugendlichen einen langen Vorlauf, sozial sind sie oft isoliert, aber angewiesen auf Vertrauenspersonen und Mentoren oder Fachdienste. In ihrer Selbstverwaltung, also dem Umgang mit Ämtern, fehlt es ihnen oft an Kompetenz wegen fehlender Handlungsstrategien oder Problemen im Sprach-, Lese- und Sachverständnis. Ein ganz ähnliches Bild zeichnen Calmbach et al. (2016, 81): Der Lebensweg der Jugendlichen wird durch die »Wahrnehmung von Armut(sgefährdung) in der Familie und die oft mit den Eltern geteilten Erfahrungen eigener Überflüssigkeit und Nutzlosigkeit« behindert, indem diese Wahrnehmung die Entwicklung eines gesunden Selbstvertrauens beeinträchtigt. Gleichzeitig ist es bei Jugendlichen aus dem Prekären Milieu häufig anzutreffen, dass sie das »sich durchboxen« betonen und besonders stark die eigene Verantwortlichkeit für die Zukunft sehen. Geradezu tragisch ist aber die Kombination aus diesem Auf-sich-gestellt-sein kombiniert mit mangelndem Wissen darüber, wie sie sich eigentlich behaupten sollen. Es fehlt ihnen meist an Orientierungswissen über mögliche Ausbildungswege. Aus dieser Unsicherheit heraus zeigen sie sich bezüglich ihrer eigenen beruflichen Zukunft zugleich pessimistisch – dies deckt sich mit den Ergebnissen der Studie von Jünger – und »unrealistisch optimistisch«:

> »Die Traumberufe verweisen auf ein klares Dilemma zwischen Wunsch und Wirklichkeit: Ingenieur, Fußballprofi, Arzt, Anwalt oder Star würde man gerne werden. Wie eine Ausbildung zu einem solchen Beruf verläuft, welche Voraussetzungen dafür notwendig sind, oder wie genau das Berufsbild aussieht, wissen aber nur die wenigsten. (…) Den Jugendlichen dieser Lebenswelt mit einer realistischeren Einschätzung ihrer Situation ist bewusst, dass sie aufgrund schulischer Defizite Probleme beim Übergang in das Berufsleben erwartet [sic]« (ebd.).

2.1.3 Leben in einer Risikofamilie

Risikofamilien sind Familien mit einer Anhäufung verschiedener Risikofaktoren. Ellinger (2013b, 58) zählt u. a. auf: Verlust eines Elternteils, chronische Krankheiten, Abhängigkeiten und Süchte in der Familie, prekäre finanzielle Lage, hohe Kinderzahl und besonders junge Eltern. Kinder, die in einer Risikofamilie aufwachsen, haben, wie der Name bereits sagt, ein höheres Risiko für Entwicklungsstörungen, aber sie leiden nicht automatisch daran. Gravierender als einmalige Erlebnisse, z. B. von Trennung, sind unsichere Bindungsmuster. Lutz Ulrich Besser zeigt zu Beginn seines Handbuchbeitrages über Traumapädagogik von 2013 die Tradition der Traumaforschung im deutschsprachigen Raum auf. Seine lesenswerten Ausführungen lassen verstehen, warum Traumatisierungen, gerade auch im häus-

2.1 Leben und Lernen in sozialer Benachteiligung

lichen Bereich, so lange tabuisiert, somit nicht erkannt und weder erforscht noch adäquat behandelt wurden. Für das vorliegende Bändchen relevant sind aber v.a. seine Darstellungen zum Zusammenhang zwischen frühen und innerfamiliären Traumata und Lernen. Auch Besser arbeitet heraus, dass Ärzte wie Pädagogen frühkindliche familiäre Traumatisierungen unterschätzen:

»Frühe Gewalterfahrungen, Vernachlässigung, sexuelle Ausbeutung und Misshandlungen oder der Verlust Sicherheit-bietender Bindungspersonen sind die wichtigsten Auslöser unkontrollierbarer Stressreaktionen im kindlichen Organismus« (Besser 2013, 48).

Selbstverständlich sind alle diese Risikofaktoren für Kinder nichts Neues. Das Faszinierende und in gewisser Weise Deprimierende an der Beschäftigung mit der Geschichte im Allgemeinen und mit der Geschichte unseres Fachs im Besonderen ist der Umstand, dass sich manches so liest, als ob es heute geschrieben worden wäre – denn auch bei Friedrich Kern war im Jahre 1855 in der Kindererziehung schon nicht mehr alles wie in der guten alten Zeit:

»Bei unsern jetzigen socialen Zuständen ist nun leider die Kindererziehung nicht mehr das, was sie früher war, ein Werk der Familie: die Eltern haben vielmehr grösstentheils aufgehört Erzieher und Pfleger ihrer Kinder zu sein, auf der einen Seite aus Mangel an Zeit, indem diese auf Erwerb allein verwendet werden muss, auf der andern Seite aber auch aus andern weniger triftigen Gründen« (Kern 1855, 558).

Auch Paul Moors Kapitel *vom Daheimsein* aus seiner *Heilpädagogik* von 1965 ist anrührend, wenn man bedenkt, dass er vor über 50 Jahren das Verschwinden des echten *Daheimseins* beklagte (Moor 1965, 417). Wie sehr erst fehlt es heute mit all den Ablenkungen, die echtes *Daheimsein* verhindern können? Manche Kinder und Jugendliche müssen in Familien aufwachsen, die ihnen nicht nur keinen Schutz gegenüber den kleinen und großen Angriffen auf das Selbst bieten, sondern in denen sie direkt Opfer von psychischer und physischer Gewalt werden, oft ohne sich jemandem anvertrauen zu können. Katharina Ehlers und Bodo Hartke haben in ihrem Handbuchartikel von 2010 umfassende Übersichten aus der Literatur zusammengestellt, die auf erschreckende

Weise deutlich machen, welche Not in Familien oft im Verborgenen herrscht. Doch auch wenn die Umstände in der Familie nicht von massiver Gewalt bestimmt sind, können sie schon ein erhebliches Risiko für die Entwicklung des Kindes nach sich ziehen. Wenn ungünstige Umstände kumulieren, stellen sie ein Risiko dar, Lernbeeinträchtigungen zu entwickeln: Womöglich sind die Eltern sehr jung oder sie sind körperlich oder psychisch krank oder bekommen Süchte nicht in den Griff. Darüber hinaus müssen Kinder und Jugendliche, die in einer Risikofamilie aufwachsen, oft Streit und Gewalt der Eltern ertragen. Die Stimmung in der Familie ist häufig gereizt, überfordert und resigniert. Auch der Schule und anderen Bildungseinrichtungen gegenüber kann die Einstellung desinteressiert bis feindselig sein (Ellinger 2013a, 57 f.).

Risikofamilien können in jeder Schicht und in jedem sozialen Milieu vorkommen, häufig ist aber das Leben in einer Risikofamilie gepaart mit dem Leben in einem benachteiligenden Milieu, wie das folgende Interviewzitat einer 14-Jährigen aus dem *prekären Milieu* illustriert (entnommen aus Calmbach et al. 2016, 79):

»Ja, ich hatte davor schon Stress mit meinem Vater. Mein Vater ist Alkoholiker. Er geht jetzt nämlich auch in eine Kur. Zum Glück. (...) Viel Kontakt habe ich eigentlich nicht mehr. (...) Ich ruf Mama und Papa an und sie gehen nicht ran. Warum ist mir auch egal. Ja, weil meine Eltern gesagt haben, ich bin eine Schlampe, also sozusagen haben sie das gesagt, weil ich am Bahnhof so einen Ruf habe, dass ich eine Schlampe bin, obwohl das gar nicht stimmt«.

Die ausführliche, differenzierte und sorgfältig abwägende Fallstudie einer Sechzehnjährigen von Christian Droßmann (2010) macht eindrucksvoll deutlich, wie im Extremfall frühe Ablehnungserfahrungen, gekoppelt mit weiteren ungünstigen Faktoren, zu psychischer Instabilität und in der Folge zu Schulversagen führen können. Neben frühen Ablehnungserfahrungen kann es ebenfalls negativ für die gesamte Entwicklung und damit oft auch für die Lernentwicklung sein, wenn im Rahmen ungünstiger Beziehungsdynamiken einem Kind Rollenanteile eines Elternteils übertragen werden, besonders dann, wenn die Projektionen innerhalb der familiären Dynamik unerkannt und unreflektiert bleiben (Hechler 2013b, 175 f.).

2.1.4 Leben mit Traumatisierungen

Unter einem Psychotrauma versteht man eine seelische Verletzung, die durch extremes psychisches Stresserleben verursacht wird (Scherwath/Friedrich 2014, 17f.). In der Literatur werden die Traumata in mehrfacher Hinsicht unterschieden – zum einen im Hinblick auf den zeitlichen Faktor: Während Typ I-Traumata eher kurz andauern und plötzlich kommen, wiegen die Typ-II-Traumata meist schwerer durch längere Dauer oder wiederholtes Auftreten. Typ II-Traumata können somit »als Dauerzustand erlebt werden« (Ellinger 2013b, 53). Der zweite wesentliche Faktor ist die des Verursachers – ist es ein menschenverursachtes Trauma *(man made disaster)* oder ein Trauma in Folge eines Unfalls oder einer Naturkatastrophe? Welche konkreten psychischen Verletzungen und Folgen eine Traumatisierung bei einem Individuum nach sich zieht, hängt nicht nur von den soeben genannten Kategorien ab, sondern darüber hinaus davon, in welchem Alter es jemanden trifft und wie intensiv die Bedrohung war. In Übernahme der Einteilung von Francine Shapiro zwischen *Big-T-Traumata* und *Small-t-Traumata* unterscheidet Besser die Traumata, die landläufig als solche gesehen werden (lebensbedrohliche Erlebnisse in Krieg und Unfällen, Gewalt und Folter) von den scheinbar weniger katastrophalen Ereignissen wie Angst, Verunsicherung und Demütigung in sozialen Beziehungskontexten (Besser 2013, 45). Es kommt aber vor allen Dingen darauf an, wie ein Mensch eine Verletzung erlebt und einordnet. Eva-Maria Hoffart und Gerald Möhrlein betonen daher:

> »Eine Traumatisierung ist nicht aus dem Ereignis an sich abzuleiten, sondern es geht um Verarbeitung und Integration des individuell Erlebten« (Hoffart/ Möhrlein 2014, 219).

Auch Besser (2013, 45) betont, dass Betroffene, die von scheinbar weniger gravierenden *Small-t-Traumata* »unvorbereitet überrollt« werden, ähnliche Folgen davontragen können wie Menschen, die ein *Big-T-Trauma* erlebt haben. Auf den Zusammenhang zwischen scheinbar harmloseren Bindungsstörungen gerade bei sehr jungen

Kindern und Traumatisierungen weist Jörg Fertsch-Röver (2014, 24) hin. Ein Trauma, ob es sich nun schwer oder weniger gravierend auswirkt, kann das Lernen erheblich beeinträchtigen; der »Zustand des Dauerstresses« (Ellinger 2013a, 64), in dem sich traumatisierte Kinder befinden, wirkt sich über hormonelle Zusammenhänge auf Gehirnfunktionen negativ aus und kann somit die Konzentration auf Lernsituationen und das Behalten von Lerninhalten erschweren. Kinder und Jugendliche mit Traumatisierungen lernen somit unter erschwerten Bedingungen. Erschwert ist ihr Lernen zum einen aufgrund der psychischen und gehirnphysiologischen Besonderheiten. Eine zentrale Rolle in den neuronalen Abläufen eines traumatisierten Menschen spielt dabei der Hippocampus. Er nimmt neue Informationen entgegen und »verbucht« sie – kann sie aber selbst nicht abrufen. Leider ist der *Hippocampus*, von Besser *Bibliothekar* genannt, sehr störanfällig. »Er kann nur in entspannter und sicherer Atmosphäre verbuchen« (ebd., 66). Im Extremfall bedeutet dies, dass ein traumatisiertes Kind, das diesen entspannten Zustand nicht findet, keine neuen Lerninhalte aufnehmen kann. Das Zusammenspiel ist in der Realität natürlich viel komplizierter; für diese Zusammenstellung soll uns genügen, dass ein Schüler oder eine Schülerin mit Traumatisierungen unter Dauerstress lebt und lernt und sich oftmals nicht auf den Unterricht konzentrieren kann und das Behalten und wieder Abrufen von Lerninhalten fast unmöglich scheint. Das Kind kann seine Lernpotentiale nicht entfalten, weil es mit anderen als schulischen Dingen beschäftigt ist. Hinzu kommt, dass die Zeichen, die das Kind bzw. der Jugendliche bewusst oder unbewusst aussendet, von der Umwelt entweder gar nicht wahrgenommen oder falsch interpretiert werden. So wird ein dissoziiertes Kind, dessen Geist abschweift, um sich zu erholen, mit einem verträumten Unkonzentrierten verwechselt (Hoffart/Möhrlein 2014, 220); auch das »Abscannen« der Umwelt auf Gefahren, das sich Kinder als Überlebensstrategie angewöhnen mussten, wird als Unkonzentriertheit missgedeutet. Ein weiteres Problem sind Trigger, die im schulischen Umfeld unbewusst ausgelöst werden; manchmal ist es auch nicht so einfach zu erkennen, welches Detail einer Situation die plötzliche, scheinbar unerklärliche Verhaltensänderung eines traumatisierten Kindes ausgelöst hat – ist es ein Geräusch, ein Geruch oder eine bestimmte Geste einer Lehrkraft? Oder sogar eine zufällige äußerliche Ähnlichkeit (ebd., 227 ff.)? Dieses aus Sicht der Umwelt schwer einschätzbare und unberechenbare Verhalten führt oft dazu, dass das Kind auf nicht adäquates Verhalten der Mitschüler und Lehrer trifft. Es kann leicht passieren, dass eine »Abwärtsspirale« (Ellinger 2013b, 135) in Gang kommt: Das scheinbar verweigernde, unruhige und geistig abwesend erscheinende Kind stößt auf Ablehnung; diese verschlimmert die Gesamtsituation. Die Schulkarrieren traumatisierter Kinder und Jugendlicher verlaufen daher oft negativ: Klassen werden wiederholt, die Schule gewechselt oder der Schulbesuch ganz abgebrochen (Ding 2013, 57). In diesem Zusammenhang ist es wichtig zu betonen, wie essentiell es für das betroffene Kind ist, dass es in der Schule auf Lehrkräfte stößt, die einerseits dafür sensibilisiert sind, Signale von Traumatisierungen zu erkennen und gleichzeitig besonnen zu reagieren vermögen, wie es im Beitrag von Ehlers und Hartke (2010, 308 f.) aufgezeigt wird. Oft ist es die Lehrkraft, die die nötigen Schritte dafür in die Wege leitet, damit das Kind von der Traumatisierungsquelle befreit werden kann. Allerdings können Lehrkräfte es selbst nicht leisten, das Kind vor erneuten Übergriffen zu schützen; daher müssen sie ihrerseits Hilfe suchen. Dies gilt ohnehin für die notwendige psychotherapeutische Behandlung, bei der immer auf Fachleute zu verweisen ist.

2.1.5 Leben mit Migrations- und Fluchthintergrund

Einer der engagiertesten Pädagogen, die den Zusammenhang zwischen Bildungsbenachteiligung und Migrationshintergrund herausgearbeitet haben, ist Reimer Kornmann – z. B. mit Christoph Klingele (Kornmann/Klingele 1996) oder mit Aline Kornmann (Kornmann/Kornmann 2003). Zu der Zeit, in der die meisten Veröffentlichungen Kornmanns erschienen, war es noch üblich, von *ausländischen* Schülerinnen und Schülern zu sprechen. Damit hat man schon damals nur einen Teil der Schülerschaft mit Migrationshintergrund beschrieben. Heutzutage ist es ein Allgemeinplatz in Pädagogik und Politik, dass das Konzept der Staatsangehörigkeit nur einen Teil der Gruppe von Menschen mit Migrationshintergrund beschreibt; dabei werden Spätaussiedler und ihre Kinder ebenso wenig erfasst wie die sogenannten »jus soli-Kinder«, die auf Antrag einen deutschen Pass erhalten können, wenn ein Elternteil mindestens seit acht Jahren in Deutschland lebt (Brake/Büchner 2012, 166 f.). In der theoretischen pädagogischen Diskussion hat sich gemäß der Einschätzung der Schweizer Erziehungswissenschaftlerin Ingeborg Hedderich (2016) noch keine einheitliche Definition herausgebildet. Gemäß dem Glossar des Statistischen Bundesamtes (2017) hat eine Person dann einen Migrationshintergrund, »wenn sie selbst oder mindestens ein Elternteil nicht mit deutscher Staatsangehörigkeit in Deutschland geboren« ist (ebd.) – diese schlichte Formulierung schließt eine äußerst heterogene Gruppe ein. Einer der gravierendsten Unterschiede besteht darin, ob die Kinder und Jugendlichen einen eigenen Migrationshintergrund haben oder Kinder von Eltern oder Großeltern sind, die einst als sogenannte *Gastarbeiter* in die Bundesrepublik gekommen sind. Letztere sprechen oftmals fließend Deutsch und sind in das deutsche Bildungssystem hineingeboren, wogegen Kinder und Jugendliche mit eigener Fluchterfahrung oft kein Wort Deutsch sprechen und zudem von Fluchtgründen und Flucht selbst gezeichnet und traumatisiert sein können. Darüber hinaus müssen sie mit einer unsicheren Situation leben, wenn sie als Asylbewerber nur geduldet sind und nicht wissen, wie lange sie bleiben können und wie es weitergeht. Die nachfolgende Tabelle 8 gibt einen knappen Überblick über die Begrifflichkeiten.

In Bezug auf die Verfassung, in der Menschen zu uns kommen, spielt es auch eine Rolle, *warum* sie sich auf den Weg gemacht haben. Im soziologischen Erklärungsansatz von Han (2010, 12 f.) wird eine Unterscheidung getroffen zwischen den *Push-Faktoren*, die einen Menschen aus dem Herkunftsland treiben, und den *Pull-Faktoren*,

2.1 Leben und Lernen in sozialer Benachteiligung

Tab. 8: Begriffe zu Migrationshintergrund (Einhellinger 2014, 121)

Ausländer	haben keine deutsche **Staatsangehörigkeit**, können aber in Deutschland geboren sein.
Migranten	haben eine eigene Migrationserfahrung, sind also **Zugewanderte**. Sie können die deutsche Staatsangehörigkeit besitzen oder auch Ausländer/innen sein.
Menschen mit Migrationshintergrund	**Umfassender Begriff.** Meint Ausländer, Migranten, aber auch Deutsche ohne eigene Migrationserfahrung, wenn mindestens ein Elternteil selbst zugewandert ist. Analog zum Begriff der *autochthon Deutschen* kann man diese Gruppe auch als **allochthon Deutsche** bezeichnen.
Autochthon (Deutsche)	**Einheimische**, die (in Deutschland) geboren sind und keinen Migrationshintergrund aufweisen.

die einen Menschen quasi in das Zielland ziehen – dies können allgemein bessere Lebenschancen sein, aber auch die Familie, die schon dort wohnt (▶ Tab. 9).

Tab. 9: Gründe für Migration (Einhellinger 2014, 122)

Push-Faktoren	(von engl. *to push* schieben, drücken:) **Druckfaktoren**, die Menschen aus ihrem Land »hinaustreiben«, z. B. politische und religiöse Verfolgung, wirtschaftliche Krisen, Kriege, Naturkatastrophen
Pull-Faktoren	(von engl. *to pull, ziehen*:) **Sogfaktoren**, die an einem Land – in unserem Falle Deutschland – zur Einwanderung motivieren, z. B.: die politische und wirtschaftliche Situation, die Glaubensfreiheit
Kettenmigration	Familienzusammenführung

Gerade die aktuellen Migrations- und Fluchtbewegungen zeigen allerdings, dass es in Bezug auf viele Herkunftsländer wie z. B. Afghanistan schwer zu messen und in klare Begriffskategorien zu fassen ist, ob im Einzelfall nun die Situation im Herkunftsland den entscheidenden Ausschlag gegeben hat oder die im Zielland (Naber 2016). Gerade in der momentan aufgeheizten politischen Situation hängt es von der Position des Betrachters ab, ob von Flucht gesprochen wird – hier stehen eindeutig die Faktoren im Vordergrund, die einem Menschen das Leben im Herkunftsland unmöglich machen und ihn somit aus seinem Land heraustreiben – oder von Migration. Dieser eigentlich neutrale Begriff wird unter Umständen bevorzugt, wenn die Hoffnung auf ein besseres Leben im Zielland in den Fokus gerückt wird. Dies kann wertfrei gemeint sein oder auch politisch motiviert. Diesen spannenden Punkt weiter auszudiskutieren würde allerdings den Rahmen dieser Monographie deutlich sprengen.

Flucht ist etwas, das Menschen sehr prägt – wahrscheinlich ihr Leben lang. Dennoch gilt auch für Fluchthintergrund im Speziellen, was für Migrationshintergrund im Allgemeinen gilt: Er bleibt trotz alledem ein Merkmal von vielen anderen, die einen Menschen prägen – beispielhaft seien genannt Geschlecht, Alter, familiärer Hintergrund, Bildung, Gewalterfahrungen, Religion –, und niemals das einzige Merkmal, das somit auch nicht überbewertet werden darf.

Bei aller Beachtung der Individualität ist der Begriff *Migrationshintergrund* mit verschiedenen Schlagwörtern konnotiert: *Kulturelle Differenzen, Scham- und Schuldkultur, Geschlechterrollen, Religion, Migrantenmilieus, Deutsch als Zweitsprache, Bildungsbenachteiligung, Teilhabe und Diskriminierung.* Die extreme Vielschichtigkeit, von der ein *Leben mit Migrationshintergrund* geprägt sein kann, soll durch die nachfolgende Fragensammlung (▶ Kasten 1) deutlich werden, die gleichzeitig die Gliederung für den folgenden Abschnitt darstellt:

Was bedeutet es heute, ein Leben mit Migrationshintergrund zu führen?

• Wahrscheinlich: Leben in einer Kultur, die nicht mit der Herkunftskultur identisch ist

2.1 Leben und Lernen in sozialer Benachteiligung

- Häufig: Leben mit einem anderen religiösen Hintergrund
- Sehr häufig: Leben in einer benachteiligenden sozialen und psychosozialen Situation
- Immer: Leben in einem bestimmten sozialen Milieu
- Fast immer: Leben mit Deutsch als Zweitsprache
- Umstritten: Leben mit institutioneller Diskriminierung
- Besonders im Besonderen: Leben auf und nach der Flucht
- Meist unberücksichtigt: Die Situation von Mädchen auf und nach der Flucht
- Oft vergessen: Leben unter individuellen Bedingungen

Kasten 1: Was bedeutet es heute, ein Leben mit Migrationshintergrund zu führen?

Wahrscheinlich: Leben in einer Kultur, die nicht mit der Herkunftskultur identisch ist

Der Begriff Kultur wurde für das Thema Migrationshintergrund zentral, als zu Beginn der 80er Jahre des 20. Jahrhunderts die Ausländerpädagogik, welche die Kinder als nur vorübergehende Einwohner Deutschlands ansah und den Fokus auf Sprachprobleme und Rückkehr in die Heimat richtete, durch die Interkulturelle Pädagogik allmählich abgelöst wurde (Einhellinger 2014, 123). Ein bedeutender Unterschied dabei ist, dass im Gegensatz zum Thema Sprache, das eindeutig in defizitärer Weise thematisiert wurde und wird, eine andere Kultur prinzipiell als gleichwertig angesehen werden soll:

»Differenz wird damit nicht mehr als Defizit gegenüber einer gedachten Norm, sondern als gleichberechtigt nebeneinanderstehend und als Anderssein verstanden« (Sturm 2013, 99).

Allerdings dürfe – so Tanja Sturm weiter – der Kulturbegriff auch nicht in der Weise überstrapaziert bzw. falsch verwendet werden, indem die Andersartigkeit zu sehr betont wird, weil dabei andere Formen von Unterschieden ausgeblendet und der Fokus auf die Kultur gelegt würde. In diese Richtung argumentiert auch Joachim

Schroeder (2015, 196 f.), der fordert, den »sogenannten Kulturkonflikt« zu »entlarven«. Er warnt davor, Spannungen zwischen Lehrkräften und jugendlichen Migranten vorschnell als »Kulturkonflikte« einzuordnen – oftmals beruhen die Konflikte ja eher auf sozialen oder pubertären Problemen. Man kann es nicht oft genug betonen: Es kommt stets auf den Einzelfall, die einzelne Situation an!

Wenn es um Kultur und Migration geht, werden vor allem folgende Teilaspekte diskutiert, die anschließend mit Leben erfüllt werden sollen: Scham- und Schuldkultur, Geschlechterrollen, Werteerziehung und Bildungsnähe in der Familie, hier vor allem die Sprach- und Schriftkultur. Religion als mit Kultur untrennbar verbunden, wird – entsprechend der eingangs gestellten Fragensammlung – in einem eigenen Abschnitt diskutiert. Ellinger hat sich in einigen Veröffentlichungen diesem Aspekt kultureller Prägung gewidmet, allen voran in einer empirischen Untersuchung, in der er zeigen konnte, dass »schulische Lern- und Verhaltensprobleme von Migrantenkindern häufig aus weitreichenden Unterschieden zwischen ihrer schamkulturspezifischen Alltagsbewertung und den schuldkulturspezifischen Standards, Werten und Unterrichtsmethoden in der deutschen Schule resultieren« (Ellinger 2006, 397). Deutschland gilt als Schuldkultur – mittlerweile wird vorsichtiger von Schuld- und Schamorientierung gesprochen – und trägt somit »zunehmend individualistische Züge« (ebd., 411). In einer schuldorientierten Kultur gelten Eigenständigkeit und Individualität als zentrale Werte, ebenso wie Wettbewerb und persönliche Leistung und nicht zuletzt – namensgebend – ein persönliches Schuldempfinden nach falschen Handlungen. In einer schamorientierten Kultur hingegen steht nicht das Individuum, sondern die Gemeinschaft im Mittelpunkt. Somit unterscheiden sich auch die zentralen Werte, die im Wesentlichen in Gemeinsamkeit, Harmonie von Beziehungen, Erfüllen von Rollenerwartungen und Pflichten bestehen sowie – wiederum namensgebend – in einem »Schamempfinden durch verlorene Ehre« (ders. 2010c, 443), die öffentlich wiederhergestellt werden muss. Relevant für das Leben als Schüler, der aus einer Schamkultur stammt, aber in der überwiegend schuldorientierten deutschen Kultur unterrichtet wird, sind z. B.

2.1 Leben und Lernen in sozialer Benachteiligung

Situationen, in denen Gruppenleistungen erwartet werden. Hier ist es möglich, dass der Schüler der Gruppe zuliebe auf die eigene Profilierung verzichtet und sich somit um gute Bewertungen bringt oder gar als Verweigerer missverstanden wird. Dabei stammen große Anteile der Schülerschaft mit Migrationshintergrund aus Ländern mit vorwiegender Schamorientierung – hier sind vor allem nichtwestliche Kulturen aus afrikanischen, russischen und mediterranen Kulturen zu nennen. Ein relevantes Problemfeld sind auch die geschlechtsspezifischen Rollendefinitionen, kurz Geschlechterrollen, gerade angesichts des Aufeinandertreffens von vorwiegend weiblichen Lehrpersonen auf männliche Jugendliche aus schamorientierten Kulturen. Die Lehrerin, so Ellinger, verstoße quasi allein dadurch gegen die Vorstellungen von ehrenhaftem Verhalten, indem sie einen Schüler vor der gesamten Klasse maßregelt – obgleich sie ja als Lehrkraft in unserer Gesellschaft dem Schüler gegenüber prinzipiell höhergestellt ist. Ihrerseits muss sie ebenfalls Verletzungen ihrer Ehre ertragen:

> »Lehrerinnen sehen sich mitunter mit massiven Beschimpfungen konfrontiert, die gemäß einer Schuldorientierung ›objektiv untragbar sind‹ und dann allzu schnell durch (Straf-)Maßnahmen beantwortet werden, die neuerlich ehrverletzend wirken und einen Teufelskreis in Gang setzen, der bei Lichte betrachtet kulturindiziert ist« (ders. 2010b, 331).

Für die Geschlechterrollen gilt, was für die meisten Aspekte der Scham- bzw. Schuldorientierung gilt: Es existieren Unterschiede zwischen städtischen und ländlichen Gegenden (Einhellinger 2014, 124). Interessant sind auch Untersuchungsergebnisse, wonach in der türkischen Community die Mehrheit der türkischen (auch der jüngeren) Männer noch an traditionellen Rollenbildern festhält, wohingegen die jungen Frauen sich sowohl innerlich als auch äußerlich – so weit wie möglich – davon emanzipieren (Wippermann et al. 2013, 261). Auch Joachim Schroeder (2014) wendet sich gegen die eindimensionale Sichtweise auf Mädchen als Opfer ihrer Kultur (Stichwort »Kopftuch«) sowie Jungen als »schwer erziehbar« – hier weist er auf die oben bereits mit Ellinger diskutierten Kulturkonflikte hin. Es sind immerhin die Mädchen, die in unserem Schulsystem bessere Ergebnisse als ihre männlichen Landsleute erzielen, was hinlänglich bekannt ist (Wippermann et al. 2013, 264). An dieser Stelle ist auch ein Vorgriff auf die Religion sinnvoll, denn gerade das Beispiel der unterschiedlichen Bildungserfolge männlicher und weiblicher türkischer und im Übrigen auch russischer Jugendlicher zeigt doch, dass es nicht am religiösen Hintergrund (allein) liegen kann, wenn es zu Schwierigkeiten mit unserem Schulsystem kommt. Es wandelt sich mittlerweile zudem das Bild von der Familie mit Migrationshintergrund, die nicht am schulischen Fortkommen der Kinder interessiert sei; z. B. in Wippermann et al. (2013) ist nachzulesen, dass die Eltern sehr wohl interessiert wären, oft aber finanzielle Ressourcen, z. B. für Nachhilfe, Kurse und Material, nicht reichen. Berrin Özlem Otyakmaz (2014) kommt aufgrund eigener Untersuchungen zu dem Schluss, dass die Überzeugung, das Erziehungsverhalten in türkischen und deutschen Familien unterscheide sich grundlegend, ebenfalls überholt sei:

»Beide Müttergruppen zeigten ein hohes Vorkommen von Wärme und logischem Begründen, ein mittleres Maß an Gehorsamsforderung und selten bestrafendes Verhalten« (ebd., 926).

Natürlich haben nicht nur die Mütter erziehlichen Einfluss auf ihre Kinder, und wenn man die Aussage von Wippermann et al. (2013, 261) berücksichtigt, dass türkische junge Frauen emanzipierter sind als ihre Männer, dann wäre dieser Aspekt sicherlich noch interessant. Zunächst aber kann dieses Ergebnis positiv aufgenommen werden. Ebenfalls nicht vernachlässigt werden darf der Stellenwert von mündlicher und schriftlicher Sprache in einer Herkunftskultur. Die Sprachwissenschaftlerin Reyhan Kuyumcu (2012) stellte in einer qualitativen Untersuchung fest, dass die türkische Kultur, die auch ihre eigene Herkunftskultur ist, vorwiegend oral geprägt sei (ausführlicher: Einhellinger 2013, 276). Eine solche Sprachkultur ist durch einfache Satzstrukturen und sprachliche Mittel wie *hier*, *jetzt* oder *ich* gekennzeichnet (Kniffka/Siebert-Ott 2012, 19). Statt differenzierter Vokabeln werden Zeigegesten eingesetzt. Wenn allerdings im Elternhaus zusätzlich zu der Verwendung eher einfacher Sprachmuster schriftnahe Praktiken fehlen wie Lesen, Vorlesen und Sprechen über Gelesenes, kann sich das auf die Entwicklung der phonologischen Bewusstheit, der Worterkennung und des sprachbezogenen Wissens negativ auswirken (Ehlers 2010, 112 f.). Zum Abschluss des Kapitels darf nicht unerwähnt bleiben, dass das Leben in einer (Schul-)Kultur, die nicht der familiären Herkunftskultur entspricht, nicht nur Alltag für viele Kinder und Jugendliche mit Migrationshintergrund ist, sondern meist ebenfalls auf Kinder und Jugendliche in sozialer Benachteiligung zutrifft.

Häufig: Leben mit einem anderen religiösen Hintergrund

Wie oben bereits im Vorgriff mit Wippermann et al. (2013, 264 f.) betont, kann religiöser Hintergrund allein keinesfalls schulische Probleme von Migranten erklären. Generell sind jedoch die Ängste und Vorbehalte gegenüber religiösen, vor allen Dingen islamischen, Einflüssen in Schule und Gesellschaft groß. Aus der Binnenperspektive heraus beleuchtet Haci-Halil Uslucan (2012; ders. 2014), an der Universität Duisburg-Essen lehrender Psychologe, in seinen Beiträgen die Religion einer bedeutenden Einwanderergruppe daraufhin, ob sie für den Prozess der Integration hemmend oder forderlich ist. Zunächst weist er darauf hin, dass gerade türkische Migranten von den Ambivalenzen des modernen Lebens, dem sich alle Eltern ausgesetzt sehen, besonders betroffen sind. Er führt aus, dass muslimische Eltern die deutsche Gesellschaft oft als ungeordnet und undurchsichtig erleben. Gerade ihre religiöse Orientierung kann ihnen dabei helfen, »einen Teil dieser Ambivalenzen zu ertragen« (ebd., 258). In der Diaspora – in unserem Fall also bei muslimischen Migranten im christlich orientierten Deutschland – »erlangt der Islam möglicherweise gegenüber migrationsbedingt erlittenen Kränkungen eine Überhöhung und wird stärker identitätsrelevant als in der Herkunftskultur« (ebd.). Seine klaren Regeln, so Uslucan weiter, bieten Sinnstiftung und geben eine Orientierung vor. Im Herkunftsland passiert das Hineinwachsen in die religiöse Gemeinschaft mehr »nebenbei«. Da dies aber in einer Gesellschaft wie der unseren natürlich nicht der Fall ist, bemühen sich die Eltern mehr als im Herkunftsland, ihre Kinder gezielt islamisch zu erziehen. Wichtig dabei ist aber, dass sich – entgegen weit verbreiteter Vorurteile – die Werte der in Deutschland lebenden Muslime nicht so grundlegend von denen der christlich-abendländischen Kultur unterscheiden, wie oft vermutet. So konnte Uslucan in einer Untersuchung zeigen, dass sich gerade im Hinblick auf die Rangfolge der Werte Familie, Freiheit und Freundschaft vergleichbare Auffassungen zeigen. Deutlich allerdings sind die Unterschiede zwischen den in der Türkei Lebenden und den türkeistämmigen Migranten in Deutschland! An die Frage nach dem Einfluss der Religion allgemein schließt sich in logischer Konsequenz die Frage nach der Sinnhaftigkeit islamischen Religionsunterrichts, also gezielter Förderung der muslimischen Religiosität in deutschen Bildungseinrichtungen, an. Uslucan (2012, 328) konnte anhand eigener empirischer Studien nachweisen, dass die Förderung der religiösen Identität durch islamischen Religionsunterricht nicht integrationsverhindernd, sondern eher integrationsfördernd ist. Allerdings komme es auf die geeignete Unterweisung an. Diese solle »nicht in Hinterhofmoscheen« (ebd., 320) stattfinden, sondern in der Schule, und zudem empfiehlt er, sie in deutscher Sprache abzuhalten:

> »Dadurch wird – neben einer stärkeren Beheimatung des Islam in Deutschland – auch eine deutlichere Transparenz der Lehrinhalte geschaffen und eine angemessene Qualifizierung der Lehrkräfte in den Mittelpunkt gerückt« (ebd.).

Er räumt ein, dass es – wie oft vorgeworfen – in dem Sinne zu einer »Islamisierung« der türkischen Community gekommen sei, dass die Menschen offensiver für ihre Religion eintreten. Dies interpretiert er allerdings anders als allgemein üblich als

> »Zeichen, dass dieses Land nun auch zur eigenen Heimat geworden ist und deshalb Rechte gefordert werden, die lange eher als ein Privileg der Einheimischen betrachtet wurden, so etwa die Forderungen nach der Einführung eines islamischen Religionsunterrichts« (ebd., 316).

Eine zu eng verstandene Religiosität hält auch er für bedenklich.

2.1 Leben und Lernen in sozialer Benachteiligung

Sehr häufig: Leben in einer benachteiligenden sozialen und psychosozialen Situation

Kinder und Jugendliche mit Migrationshintergrund sind überproportional häufig sozioökonomisch benachteiligt. Dies stellte schon 1999 Klein fest – für den damals üblicherweise als »ausländisch« benannten Schülerkreis (Klein 1999, 7). Nicht nur das Einkommen ist geringer, auch die Wohnsituation ungünstiger (Marschke 2014, 76) – beides kann unmittelbar negativ auf das Lernen wirken. Dazu passen die oben bereits genannten Ausführungen u. a. von Wippermann et al. (2013), dass die Eltern sehr wohl am Bildungserfolg ihrer Kinder interessiert wären, oft aber finanzielle Ressourcen dafür nicht ausreichen. Heute sind Menschen mit Migrationshintergrund immer noch überdurchschnittlich von Armut betroffen (Cortés Núñez/ Kücük 2016). Für besonders ungerecht halten die Autoren den Umstand, dass Migranten in vier sehr unterschiedlich privilegierte Gruppen eingeteilt werden, in denen sie in sehr unterschiedlicher Qualität und Quantität Zugang zu Sozialleistungen, Bildung und medizinischer Versorgung bekommen. Dabei ist die privilegierteste Gruppe die der Eingebürgerten, die am wenigsten privilegierteste die der Menschen ohne Aufenthaltstitel – Sergio Andrés Cortés Núñez und Kenan Kücük nennen diese Gruppen sarkastisch die »guten« und die »schlechten« Migrantinnen und Migranten. Die letzte Gruppe hat auch das »schlechte« Leben, wie sie engagiert ausführen.

Immer: Leben in einem bestimmten sozialen Milieu

Das Sinus- wie das Delta-Institut haben auch die Lebenswelten von Menschen mit unterschiedlichem Migrationshintergrund untersucht. Die neueren Ergebnisse liefert dabei Sinus (2012a). Interessant für Pädagoginnen und Pädagogen ist dabei, dass sich die gefundenen Milieus nicht etwa einer bestimmten ethnischen Herkunft und auch nicht ausschließlich nach der sozialen Lage zuordnen lassen, sondern durch Wertvorstellungen, Lebensstile und ästhetische Vorlieben bestimmt sind. Für die vorliegende Fragestellung relevant sind die

»Kartoffeln«, also Milieus, die bezüglich der sozialen Lage ganz unten angesiedelt sind. Es sollen daher die drei Milieus mit problematischem Teilhabestatus (Ellinger 2013b, 51) vorgestellt werden.

- *Religiös-verwurzeltes Milieu:* Dieses wird beschrieben als vormodern, sozial und kulturell isoliert; es ist in den »patriarchalischen und religiösen Traditionen der Herkunftsregion« verhaftet.
- *Entwurzeltes Milieu:* Die Menschen sind sozial und kulturell entwurzelt und suchen nach Identität, Geld, Ansehen und Konsum.
- *Hedonistisch-subkulturelles Milieu:* Dieses Jugendmilieu ist unangepasst und verweigert sich den Erwartungen der Mehrheitsgesellschaft; im Vordergrund steht Spaß (Sinus 2012b).

Ein besonderes Verdienst der Sinus-Studie ist, dass mit weit verbreiteten Vorurteilen aufgeräumt werden konnte. Drei Feststellungen sind in diesem Zusammenhang dabei besonders bemerkenswert und sollen im Folgenden wörtlich zitiert werden:

- »Der Einfluss religiöser Traditionen bei den Migranten wird oft überschätzt.
- In der Migrantenpopulation ist die Bereitschaft zur Leistung und der Wille zum gesellschaftlichen Aufstieg deutlich stärker ausgeprägt als in der autochthonen deutschen Bevölkerung.
- Integrationsdefizite finden sich am ehesten in den unterschichtigen Milieus, nicht anders als in der autochthonen deutschen Bevölkerung« (▶ Abb. 3; Sinus 2012a).

Die Jugendlichen aus dem in der Sinus Jugendstudie 2016 so genannten »Prekären« zeigten sich als besonders anfällig gegenüber extremen politischen Positionen und Äußerungen – ob sie nun einen Migrationshintergrund haben oder nicht. Die Jugendlichen ohne Migrationshintergrund äußerten sich besonders häufig negativ gegenüber »Ausländern« (Calmbach et al. 2016, 77).

2.1 Leben und Lernen in sozialer Benachteiligung

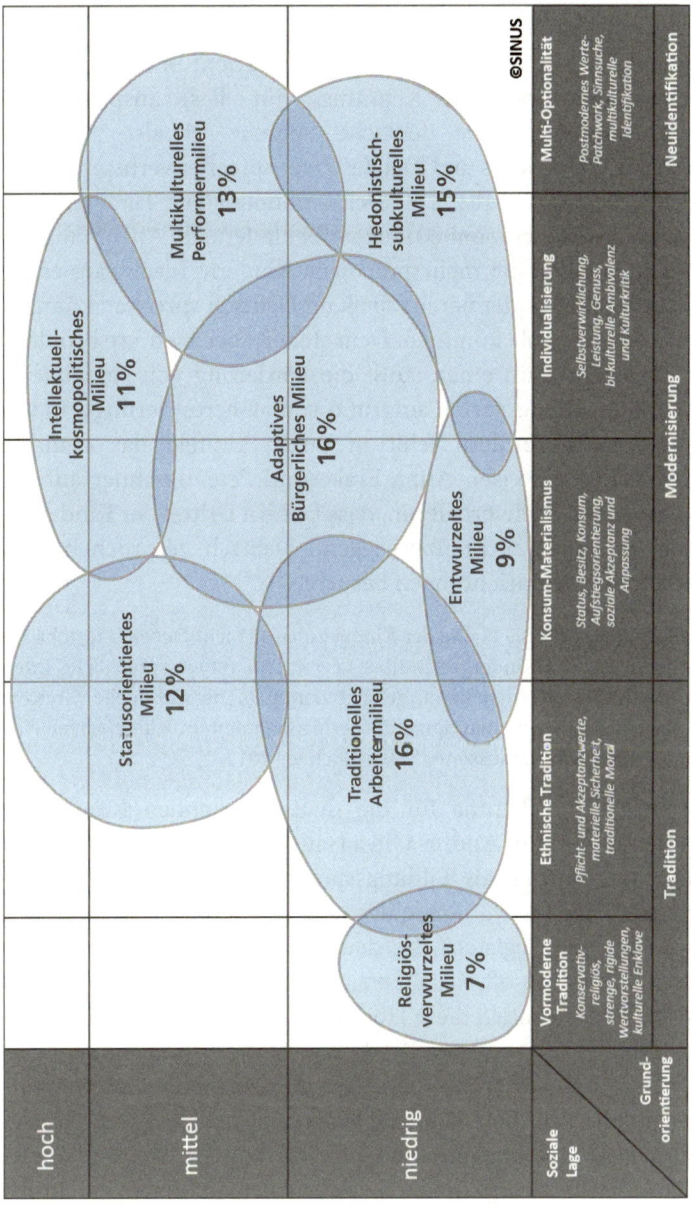

Abb. 3: Sinus Migrantenmilieus (entnommen aus Sinus 2012a)

Fast immer: Leben mit Deutsch als Zweitsprache

Ein großer Teil der Schüler muss dem Unterricht in der deutschen Sprache folgen, bevor die Kenntnisse für diese anspruchsvolle Aufgabe ausreichen. Die deutsche Sprache ist also »zugleich Medium des Unterrichts und Ziel des Zweitspracherwerbsprozesses« (Kniffka/Siebert-Ott 2012, 17). Der »monolinguale Habitus deutscher Schulen« (Fereidooni 2011, 148) behindere die Aneignung von Unterrichtsinhalten bei mehrsprachigen Kindern. Ideal wäre es natürlich, wenn die Kinder bereits fließend Deutsch sprechen könnten, wenn sie in die Schule kommen. Dem stehen aber mehrere Problemkreise entgegen. Zum einen stößt die Förderung von sprachlicher Integration im Kindergarten aufgrund von »Ghettoisierung« an ihre Grenzen – den Kindern fehlt in ihrem Umfeld das deutsche Sprachvorbild: So weisen Anna Brake und Peter Büchner auf den problematischen Sachverhalt hin, dass fast ein Drittel der Kinder aus Familien, in denen nicht überwiegend Deutsch gesprochen wird, Kinderbetreuungseinrichtungen besucht,

> »in denen mehr als die Hälfte der Kinder zuhause nicht Deutsch spricht. Die Hoffnung, dass im Kindergarten über Peer-Interaktionen sprachliche Integration gefördert werden kann, gelangt damit an institutionelle Grenzen, die mit Hilfe von gezielten Sprachfördermaßnahmen im Kindergartenalltag kompensiert werden müssen« (Brake/Büchner 2012, 175).

Dazu passt das Dilemma für die deutschlernenden Kinder, das Charlotte Röhner und Andrés Oliva Hausmann (2013) aufzeigen: Im Hinblick auf Deutsch als Bildungssprache und den Schriftspracherwerb zielt die aktive Sprachförderung auf die »Nutzung von hochsprachlichen Registern der deutschen Sprache« (ebd., 75) ab. Das Problem für die oft sozial benachteiligten Kinder ist allerdings, dass sie in ihrem Umfeld diese Hochsprache nicht üben und festigen können (ebd.). Daher müssen Kindertagesstätten und Schulen dieses Umfeld zum Teil ersetzen. Vorschläge zu geeigneten Gesprächsanlässen finden sich bei Röhner/Hausmann (2013, 91 f.). Einfach ausgedrückt könnte man zusammenfassen: Von den Spielkameraden Deutsch lernen ist kaum möglich, weil zu wenige Kinder im Umfeld gut Deutsch sprechen. Die in systematischen Kursen gelernten Kenntnisse kann das Kind mit kaum jemandem üben, da die deutsche Hochsprache in seiner Umgebung unzureichend beherrscht wird. Ein drittes Problemfeld geht von den Betreuerinnen und Betreuern aus: Zwar wird in allen Bundesländern der Sprachförderung für Kinder mit Migrationshintergrund »hohe bildungspolitische Priorität eingeräumt« (ebd., 75), in der Praxis werden aber sehr unterschiedliche Ansätze verfolgt. Selbst russische, polnische oder türkische Kinder, die eine Muttersprache mitbringen, die zahlenmäßig stark vertreten ist, müssen damit leben, dass die Erzieherinnen und Lehrkräfte, von denen sie betreut werden, nicht optimal ausgebildet sind (Roth 2014, 181). Sie bringen kaum Grundkenntnisse über die Muttersprache der Kinder oder über Besonderheiten der Sprachentwicklung bei Kindern mit Migrationshintergrund im Allgemeinen, erst recht nicht über Besonderheiten im Zusammenhang mit genau dieser einen Muttersprache im Besonderen mit. Umso aufschlussreicher sind daher die Arbeiten von Hans-Joachim Roth, der zusammen mit Hans H. Reich das Diagnoseinstrument HAVAS 5 entwickelt hat; dieses stellte er zusammen mit vertieften Informationen zur kindlichen Sprachentwicklung bei Kindern mit nichtdeutscher Muttersprache in einem umfangreichen Fachbeitrag vor (Roth 2014). Das besondere Verdienst ist dabei zum einen, dass das Verfahren von der kindlichen aktiven Sprachproduktion ausgeht – und dies in Berücksichtigung der zahlenmäßig am stärksten vertretenen Sprachgruppen wie Türkisch, Russisch, Italienisch, Spanisch, Portugiesisch und Polnisch. Zum anderen erwerben Erzieherinnen und Lehrkräfte durch die Beschäftigung mit dem Diagnoseinstrument vertiefte Kenntnisse über die kindliche Zweitsprachentwicklung und verstehen zum Beispiel, auf welcher der mehr als 16 Stufen zum Erwerb des richtigen Verbgebrauchs im Deutschen ein Kind schon steht – diese Leistung kann ein deutscher Muttersprachler, der sich damit noch nicht aktiv befasst hat, ansonsten kaum erbringen. Die Chance des Instruments liegt also nicht nur in der Verwendung als Diagnoseinstrument, sondern vor allem auch in der intensiven Fortbildungswirkung im Sinne von Wissens- und Verständnisgewinn.

Umstritten: Leben mit institutioneller Diskriminierung

Als gesichert gilt, dass das Leben mit Migrationshintergrund ein statistisch höheres Risiko für Schulversagen und Förderschulbesuch bzw. für das Entwickeln einer Lernbeeinträchtigung nach sich zieht (Kornmann/Kornmann 2003, 286 ff.). In diesem Zusammenhang stellten Mechthild Gomolla und Frank-Olaf Radtke (2002) die These der *institutionellen Diskriminierung* auf; diese besagt, dass der mangelnde Schulerfolg einiger Kinder und Jugendlicher aus Zuwandererfamilien weniger an ihren tatsächlichen Leistungen, sondern eher an »Formen institutioneller Diskriminierung durch die Lehrpersonen und Entscheidungsinstanzen« liege (Ellinger 2013a, 56). Allerdings gibt es in Forschung und Diskussion ebenso seit Langem namhafte Einwände und Gegenstimmen zu dieser These. Zum einen, so referiert Andreas Gold in Bezug auf recht aktuelle Studien, trifft die statistische Ungleichbehandlung nicht mehr zu, wenn »die individuellen Leistungsvoraussetzungen und das Intelligenzniveau kontrolliert werden« (Gold 2011, 93). Dieser Logik folgend, sind Schülerinnen und Schüler mit Migrationshintergrund deshalb in ihrer Bildungslaufbahn benachteiligt, weil sie schlechtere Schulleistungen zeigen, was für deutsche Schüler mit schlechten Schulleistungen ebenfalls gelte. Es geht also wiederum um eine bestimmte Gruppe der Schülerinnen und Schüler mit Migrationshintergrund, nämlich um die, die aus sozial benachteiligten Familien stammen und zudem Schwierigkeiten in der deutschen Sprache zeigen. Zum anderen werden sogar gegenteilige Effekte der *institutionellen Diskriminierung* berichtet: So stellte Gerhard Klein (1999, 7) fest, dass versucht werde, ausländische Schüler eher länger »im ›mainstream‹ zu halten« als deutsche Schüler – wohl, um sie nicht offenkundig zu diskriminieren. Dazu passt eine Beobachtung von Martin Baierl (2014); dieser beklagt, dass Kinder und Jugendliche mit Migrationshintergrund, die in Risikofamilien leben müssen, später Hilfe angeboten bekommen als Kinder ohne einen solchen Hintergrund, da die betreuenden Pädagogen in der Angst, Vorurteilen gegen Familien mit Migrationshintergrund zum Opfer zu fallen und in der Übervorsicht, sich nicht in die als fremd empfundene Familie einzumischen, sich eher zu spät einschalten – zum Schaden der Kinder, die dringend Hilfe brauchen (ebd., 242). Klein jedenfalls hält es für eine unzulässige Vereinfachung, Schulversagen bei ausländischen Schülerinnen und Schülern – wie z. B. Kornmann (und Mitarbeiter) – ausschließlich als »Folge selektiver Strukturen des Bildungswesens« (Kornmann et al. 1997, 206) zu sehen (Klein 1999, 8). Auch Michael Matzner weist im Vorwort des von ihm editierten Handbuchs zu Migration und Bildung darauf hin, dass die *institutionelle Diskriminierung* in jüngster Zeit zwar weiterhin intensiv rezipiert, aber nicht mehr auf ihre aktuelle Gültigkeit überprüft werde – ein aktuelles Beispiel für seine Behauptung findet sich z. B. bei Cortés Núñez/Kücük (2016, 58). Zudem warnt er davor, dass die Reduktion auf eine Opferrolle zu »regressiven Haltungen« (Matzner 2012, 14) führen könne. Auch Ulrich Schröder – im selben Handbuch – hält wenig von der These der *institutionellen Diskriminierung*; er hält sie gemessen an der hohen Bedeutung der deutschen Sprache im Unterricht sogar »für ganz abwegig« (Schröder 2012, 248). Es ist anzunehmen, dass es tatsächlich beide Effektrichtungen gibt – zu frühes und zu spätes Eingreifen bzw. Anbieten von pädagogischer, sonder- oder sozialpädagogischer Hilfe, womöglich unterschieden nach Bundesländern, konkretem Schulbezirk oder sogar konkreter Schule. So wie *Diskriminierung* normalerweise gemeint ist, nämlich im benachteiligenden, überreagierenden Sinn, ist das Phänomen umstritten. Im Wortsinn trifft *Diskriminierung*, also *Unterscheidung*, tatsächlich für beide geschilderte Reaktionsmuster zu – beides Mal mit Nachteilen für die betroffenen Kinder und Jugendlichen. Die Devise sollte hier wie immer im pädagogischen Alltag lauten: Genau hinsehen!

Besonders im Besonderen: Leben auf und nach der Flucht

Menschen mit Fluchterfahrungen sind zwar per definitionem Menschen mit eigenem Migrationshintergrund; ihre Lebensumstände unterscheiden sich meistens aber erheblich von denen anderer Migranten oder Menschen, die zwar ausländische Wurzeln haben, aber schon in Deutschland geboren sind. Überschneidungen gibt es im Bereich von Sprache, Religion und Kultur – siehe oben. Um Redundanzen zu vermeiden, ergänzt dieses Unterkapitel die Zusammenstellung zum Leben mit Migrationshintergrund lediglich an den Punkten, in denen es Besonderheiten gibt.

Kultur, die nicht mit der Herkunftskultur identisch ist: Für viele junge Flüchtlinge gibt es allerdings nicht *die* Herkunftskultur, da sie oft jahrelang in verschiedenen nordafrikanischen und europäischen Ländern unterwegs waren, bevor sie in Deutschland ankamen – und das ist oft auch nicht ihre letzte Station. Joachim Schroeder verwendet daher den Begriff *Transkulturelle Pädagogik* (Schroeder 2014).

Um eine Vorstellung davon zu bekommen, unter welch heterogenen Bedingungen Kinder und Jugendliche in Europa leben und lernen mussten und müssen, sei die Lektüre der »Studien zu einem Sozialatlas der Bildung« von Schroeder (2012) wärmstens empfohlen. Er beschreibt die Situation von kaum wahrgenommenen Gruppen wie der im Folgenden beschriebenen Jugendlichen in Flughafenlagern, von Sinti, Roma, Jenischen und anderen, von Kindern und Jugendlichen hinter Gittern und vielen weiteren Gruppen, die sich am Rand unserer Gesellschaft befinden.

Benachteiligende soziale und psychosoziale Situation: Da Flughäfen »juristisch als exterritoriale Gebiete« gelten (ebd., 209), werden dort aufgegriffene Flüchtlinge quasi inhaftiert und müssen sich einem Schnellverfahren, dem sogenannten *Flughafenverfahren,* unterziehen. Bei diesem Verfahren sind nach Einschätzung des Kirchlichen Flüchtlingsdienstes der Caritas vor allem Jugendliche sowie Frauen, die gefoltert und vergewaltigt wurden, benachteiligt, da sie erfahrungsgemäß ohne Beratung nicht in der Lage sind, zu ihrem Recht zu kommen. Daher setzen sich die Ansprechpartnerinnen des Flüchtlingsdienstes für diese Gruppe mit Beratung und Vermittlung von anwaltlichem Beistand ein (Kirchlicher Flüchtlingsdienst 2017). Tragisch ist auch, dass es in diesen Lagern, die eigentlich auf einen kurzen Verbleib angelegt sind, oftmals aber doch für längere Zeit Aufenthaltsort bleiben, keine Bildungsangebote für die dort festgesetzten Kinder und Jugendlichen gibt (Schroeder 2012, 209). Selbst in den weniger krassen Fällen,

2.1 Leben und Lernen in sozialer Benachteiligung

in denen die Menschen nach ihrer Flucht deutschen Boden erreichen konnten, wird ihnen der Zugang zum Arbeitsmarkt und damit ein wichtiges Moment der selbstständigen Lebensführung untersagt bzw. erschwert (Schirilla 2016, 26). Der Zugang zum Arbeitsmarkt wird aktuell verbessert – diese Entwicklung ist weiter zu beobachten. Eine große Einschränkung für die Menschen stellt nach wie vor die Residenzpflicht dar – sie dürfen ihren Wohnort nicht frei wählen und z. B. in die Stadt ziehen, in der sich schon Verwandte aufhalten. Fluchterfahrungen werden vor allem mit *Traumatisierungen* verbunden: Flüchtlinge bzw., wenn sie bei uns angekommen sind, Geflüchtete, sind vor allem von *sequentieller Traumatisierung* betroffen, d. h., sie machen wiederkehrende traumatisierende Erfahrungen im Heimatland, während der Flucht und nach der Ankunft.

> »Diese Erfahrungen verdichten sich innerlich für die Kinder und Jugendlichen zu einem Gesamtgeschehen, das man manchmal leicht übersetzen kann in Sätze wie: ›Ich bin nirgendwo gewollt‹ oder: ›Meine Anwesenheit ist überall bedroht‹. Und das ist dann das Grunderleben, welches diese Kinder und Jugendlichen auch mit in die Schule bringen« (Zimmermann 2016).

Zu den *sequentiellen Traumatisierungen* kommt der Umstand, dass durch das oft jahrelange Umherirren und Leben in Lagern verschiedener Länder weltvolle Bildungsangebote ausbleiben. Eine Pädagogik bei Lernbeeinträchtigungen muss – so Ellinger (2013b, 57) – »aktuelle Entwicklungen aufgreifen« »und die oft besonders belastenden Lebensumstände berücksichtigen«. Er betont die Verunsicherung und den inneren Druck, der aus ungeklärtem Aufenthaltsstatus resultiert und daraus, »in fremder Umgebung eine fremdsprachliche und kulturell fremde Schule zu besuchen« (ebd.). Der Zugang zum Bildungssystem unterscheidet sich von Bundesland zu Bundesland; leider bekommen viele Kinder und Jugendliche im schulpflichtigen Alter während der Zeit in der Erstaufnahmeeinrichtung keine Schulbildung – gleichzeitig werden und wurden aber in vielen Bundesländern Willkommensklassen eingerichtet, um ein schnelles Deutschlernen zu ermöglichen (Löhlein 2016). Zur psychosozialen Belastung durch Traumatisierungen und teilweise mangelnde Bildungsangebote kommen meist finanzielle Nöte. Harald Löhlein begrüßt es in seinem Beitrag zur Situation von Flüchtlingen im Armutsbericht des Paritätischen Wohlfahrtsverbandes von 2016 zwar, dass die Leistungen für Asylbewerber mittlerweile an die Leistungen nach dem SGB VII (Sozialhilfe) angepasst wurden, die Abstriche für manche Gruppen beklagt er aber als enorm. Dass mit Flucht auch etwas Positives, z. B. der Zugewinn von Kompetenzen verbunden ist, macht Ellinger allerdings ebenfalls deutlich: Die Kinder und Jugendlichen verfügen durchaus auch »aufgrund ihres z. T. sehr herausfordernden Lebens über Kenntnisse und Fähigkeiten, die weit über das normale Maß hinausreichen und sich auf Sprachkenntnisse, lebenspraktische Fertigkeiten und Erfahrungswissen beziehen« (Ellinger 2013a, 57).

Meist unberücksichtigt: Die Situation von Mädchen auf und nach der Flucht

In ihrer in den *spuren* veröffentlichten Rede mit dem Titel »Gewalt, Flucht, Trennung, Tod« (Völker-Zeitler 2016) thematisiert die scheidende bayerische Landesvorsitzende des vds und Schulpsychologin mit Arbeitsschwerpunkt Traumatisierungen, Rita Völker-Zeitler, den Zusammenhang mit Fluchterfahrungen. So wichtig es ist, dass sich Lehrer und Lehrerverbände wie der vds mit diesem Thema auseinandersetzen, so bedauerlich ist es doch, dass die besondere Lage von Mädchen und Frauen in Krisengebieten, auf der Flucht und in Aufnahmeeinrichtungen bei uns kaum Berücksichtigung findet. Dabei müssen sie zu den Erlebnissen von Todesangst, Tod von Familienmitgliedern und Mitreisenden, Gewalt und Not zusätzlich in dauernder Angst vor sexuellen Übergriffen leben (Agisra 2017), oftmals vor drohender Beschneidung und Zwangsverheiratung flüchten und sind außerdem aufgrund ihrer körperlichen Unterlegenheit auch bei knappen Ressourcen in Lagern im Nachteil, vor allem, wenn sie alleine reisen (UNO-Flüchtlingshilfe 2017). Daher brauchen sie Menschen, die für diese besonderen Bedingungen und möglichen Traumatisierungen sensibilisiert sind.

2.1 Leben und Lernen in sozialer Benachteiligung

All das kommt im Beitrag von Völker-Zeitler – der hier exemplarisch genannt wird, nicht in der Absicht, die Autorin zu diffamieren – nicht zur Sprache. Zwar nennt sie in einem der drei Fallbeispiele, die rein exemplarisch gedacht sind, einen weiblichen Namen. Das geschilderte Schicksal des Mädchens hat aber nichts damit zu tun, dass sie weiblich ist – es hätte genauso gut ein männlicher Vorname statt des weiblichen stehen können. Eine ähnliche Erfahrung musste ich auf dem vds Kongress im März 2016 in Weimar machen. Der Vortrag der Bundesvorsitzenden Angela Ehlers zum gleichen Thema war spannend und kenntnisreich – aber die besondere Lage von Mädchen kam nicht vor. Es ist für die Pädagogik daher ein wichtiges Desiderat, dass die besondere Situation, aus der Mädchen mit Fluchthintergrund in unsere Klassen kommen, stärkere Beachtung und Berücksichtigung findet. Der Zusammenhang zwischen Traumatisierungen und Lernen wurde bereits oben dargestellt. Es wäre zu wünschen, dass gerade die oft scheinbar unauffälligeren Mädchen, die aber statistisch ein noch höheres Risiko einer Posttraumatischen Belastungsstörung als männliche Jugendliche mitbringen, besonders, wenn sie unbegleitet zu uns kommen (Fegert 2016), in ihrer Not nicht übersehen werden. Die Wahl der jungen Jesidin Nadia Murad zur UN-Sonderbotschafterin im September 2016 könnte ein Hoffnungsschimmer gegen das Übersehen sein. Vor Murads Augen erschossen Kämpfer des sogenannten »Islamischen Staates« ihre Familie; anschließend wurde sie entführt, als sogenannte Sexsklavin verkauft und vielfach vergewaltigt und gedemütigt, bis ihr zweiter Fluchtversuch gelang. Sie hat mit Amal Clooney eine prominente Anwältin an ihrer Seite, die ebenfalls dazu beitragen kann, dass Murads Einsatz gegen das Vergessen nicht vergeblich ist, auch im Sinne aller Mädchen und Frauen, deren Leid nicht wahrgenommen wird (vgl. zdf 2016).

Oft vergessen: Leben unter individuellen Bedingungen

Eine ideale Einleitung zu diesem Abschnitt über das Leben mit Migrationshintergrund – ein Leben unter individuellen Bedingungen –

stellt eine Feststellung von Cornelia Kristen und Jörg Dollmann (2012) dar. Sie monieren in ihrem Handbuchbeitrag zu Migration und Schulerfolg, dass ungleiche Bildungsmuster stets einseitig und eindimensional an Schulnoten, Übergängen oder Abschlüssen festgemacht würden, so als würde Bildungsungleichheit zu einem Zeitpunkt automatisch eine Ungleichheit zu einem späteren Zeitpunkt bedeuten und als ob diese Mechanismen für die gesamte Gruppe der Schülerinnen und Schüler mit Migrationshintergrund gälten. Sie bestreiten keineswegs die oben ausführlich diskutierte allgemeine statistische Bildungsbenachteiligung dieser Gruppe, stellen aber im Abschluss ihrer Analysen etwas scheinbar Erstaunliches fest:

> »Bei gleichen schulischen Leistungen und einem vergleichbaren sozialen Hintergrund wechseln Kinder aus zugewanderten Familien häufiger als Kinder ohne Migrationshintergrund auf die anspruchsvolleren Schularten« (ebd., 114).

Dies scheint das Konzept der *Institutionellen Diskriminierung* Lügen zu strafen und tut es doch nicht, denn die Feststellung belegt nur erneut, dass man genau hinschauen und fragen muss:

- Welche Kinder schaffen es trotz Migrationshintergrund, zu gleich guten Leistungen zu kommen?
- Welche Familien schaffen es trotz Migrationshintergrund, einen vergleichbaren sozialen Hintergrund zu erreichen?

Ein Leben mit Migrationshintergrund ist ganz sicher eines: ein Leben unter individuellen Bedingungen. Daher soll darauf verzichtet werden, zusätzlich zu den vielen Facetten, die auf den letzten Seiten ausgebreitet wurden, nun noch über die schulische Situation von Mädchen mit Migrationshintergrund im Vergleich zu denen von Jungen zu berichten, oder über die statistisch gesehen höhere Integrationsleistung in unsere Gesellschaft im Allgemeinen und das Bildungssystem im Besonderen – bezogen auf verschiedene Herkunftsländer (Luft 2012). Die folgende Abbildung (▶ Abb. 4) entspringt dem Anspruch, das ganze unübersichtliche Geflecht deutlich

2.1 Leben und Lernen in sozialer Benachteiligung

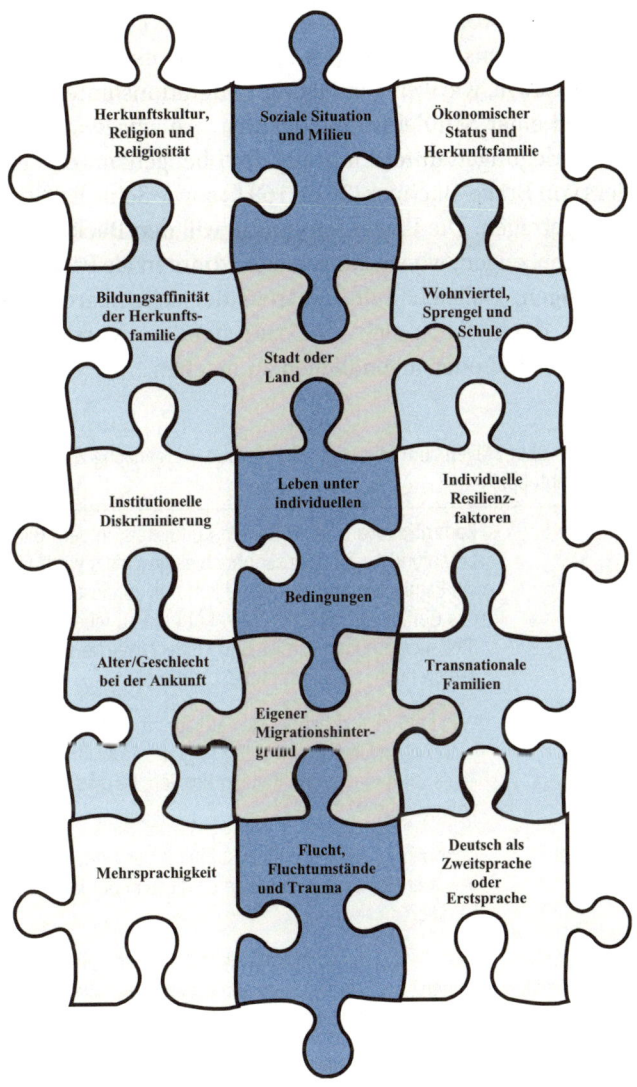

Abb. 4: »Flickenteppich«: Was Migrationshintergrund alles bedeuten kann, aber nicht muss

zu machen, ohne völlig unübersichtlich zu sein. Die sich unten anschließende Fragensammlung (▶ Tab. 10) gibt eine abschließende Vorstellung davon, wie wenig eindeutig »Migrationshintergrund« als Kennzeichen einer Schülergruppe doch ist. Sie wurde auf der Basis eigener Überlegungen unter Einbezug der obengenannten Literatur, besonders von Brake/Büchner (2012, 169 f.) sowie Schirilla (2016, 56), zusammengetragen. Die Fragensammlung will den Blick öffnen und Möglichkeiten zeigen, wo wir hinschauen könnten als Pädagoginnen und Pädagogen; vielleicht hilft sie trotz der scheinbaren Unübersichtlichkeit doch dabei, sich eine zutreffendere Vorstellung von diesem einen Kind oder Jugendlichen zu machen.

Tab. 10: Fragen über Fragen zum Migrationshintergrund – Ergänzung zum »Flickenteppich«

Herkunftskultur	Kommt die Familie aus einem Kulturkreis, in dem Bildung, Lesen und Ausbildung sehr hoch eingeschätzt wird? Fühlt sich die Familie im Aufnahmeland kulturell zuhause oder herrscht das Gefühl vor, zwischen zwei Kulturen zu leben? Welchen Stellenwert haben Familie und Kinder? Welche sozialen Werte zählen hoch, z. B. Gastfreundschaft, Ehre …
Religion	Welcher Religion gehört die Familie an? Z. B. Islam: Welcher islamischen Glaubensrichtung folgt die Familie? Spielt die Religiosität eine große Rolle in der Familie oder ist sie untergeordnet?
Bildungsaffinität	Unabhängig von der Bildungsaffinität des Herkunftslandes bzw. der Herkunftskultur: Wie ist diese in der konkreten Familie?
Ökonomischer Status der Herkunftsfamilie	Lebt die Familie von Zuschüssen oder steht sie auf eigenen Beinen? Erlaubt die finanzielle Lage der Familie Teilhabe am kulturellen Leben, gerade auch für die Kinder?
Soziale Situation und Milieu	In welchem sozialen Milieu bewegt sich die Familie?

2.1 Leben und Lernen in sozialer Benachteiligung

Tab. 10: Fragen über Fragen zum Migrationshintergrund – Ergänzung zum »Flickenteppich« – Fortsetzung

Wohnviertel, Sprengel und Schule	Wohnt die Familie in einem Viertel, in dem allgemein sehr viele Migranten leben oder sogar fast ausschließlich Migranten mit ähnlichem Migrationshintergrund? Wie heterogen sind die Gruppen in den Kindergärten und Schulen? Besteht die Gelegenheit, im Alltag Deutsch zu sprechen? Bietet das Wohnviertel Bildungs- und Freizeitmöglichkeiten?
Geschlecht	Werden in der Herkunftsfamilie Jungen und Mädchen stark stereotyp erzogen? Wie hoch wird die Bedeutung von Bildung gesehen? Wie ist das Verhältnis zum anderen Geschlecht (Lehrkräfte)?
Stadt oder Land	Ist die Familie – besonders auf dem Land – in örtliche Vereine eingebunden oder bewegt sie sich in eigenen Communities? Gibt es – besonders in der Stadt – besondere Bildungsangebote für Kinder und Jugendliche mit Migrationshintergrund?
Institutionelle Diskriminierung	Werden in der betreffenden Schule Kinder z. B. beim Übertritt auf eine weiterführende Schule durch nicht der Begabung entsprechende Empfehlung diskriminiert oder werden sie sogar besonders gefördert?
Individuelle Resilienzfaktoren	Welche individuellen Resilienzfaktoren bringt das Kind mit? Lässt es sich kaum entmutigen und findet leicht Zugang zu Gleichaltrigen wie zu Lehrkräften? Oder wirkt es »schwierig« und unzugänglich?
Migration	Ist das Kind hier geboren? Sind vielleicht schon die Eltern hier geboren? Hat das Kind die deutsche Staatsangehörigkeit? Ist das Kind hier eingewandert? Wie waren die Umstände? Wie alt war es da? Erlebte es traumatisierende Fluchtumstände? Besuchte es evtl. über Jahre keine entsprechende Bildungseinrichtung? Leben Teile der Familie noch in anderen Ländern bzw. sind noch unterwegs?
Sprache	Ist Deutsch die Muttersprache des Kindes? Wird in der Familie Deutsch auf hohem Niveau gesprochen? Wird Mehrsprachigkeit gepflegt und gefördert? Hat das Kind eine individuelle Sprachbegabung oder fällt ihm das Jonglieren zwischen zwei Sprachen schwer? Wie wichtig ist Kommunikation und soziale Netzwerke?

Zwischenbilanz zur sozialen Benachteiligung

Den Abschluss unter die Auflistung und Beschreibung all der verschränkten und sich gegenseitig kumulierenden Faktoren, die eine Lernbeeinträchtigung nach sich ziehen können, soll ein knappes Statement von Gerhard Klein bilden:

> »Zusammenfassend bleibt festzustellen: Förderschüler kommen zu einem überwiegenden Teil aus Lebens- und Erziehungsbedingungen, die ihre Entwicklung in den frühen Lebensjahren beeinträchtigt oder gar geschädigt haben« (Klein 2001, 59).

2.2 Was Lernende in die Schule mitbringen, Teil 2: Interne Merkmale

2.2.1 Vorwissen

> »*Denn wer hat, dem wird gegeben, und er wird im Überfluss haben; wer aber nicht hat, dem wird auch noch weggenommen, was er hat.*«
> (Matthäusevangelium 25,29)

Was zunächst außerhalb der Person war, ist nun innerhalb: Das lernende Kind kommt in die Schule mit Wissen über die Welt und die Regeln dazu, die Sprache, die Gebräuche. All das wird nun mitgebracht in eine schulische Welt, in der oft andere Dinge für richtig gehalten werden, als das Kind es bislang für richtig gehalten hat. Das Matthäus-Prinzip, das auf das Gleichnis von den Talenten im Matthäusevangelium anspielt, und welches so manchen gerechtigkeitsliebenden jungen Menschen beim ersten Hören die Stirne runzeln lässt, kann knapp umrissen werden mit der Devise Wer hat, dem wird gegeben. Dieses Prinzip, das zum Allgemeinplatz geworden ist, wenn es um soziale oder Bildungsungerechtigkeit geht (vgl. z. B. Stern 2015, 151), regiert in vielen verschiedenen Lebenssituationen. Ganz besonders greift es aber

2.2 Was Lernende in die Schule mitbringen, Teil 2: Interne Merkmale

beim Thema Vorwissen. Denn wie nachfolgend gezeigt werden wird: Wer mit viel Wissen in die Schule kommt, kann umso mehr neues Wissen aufnehmen, einordnen und behalten. Wer mit wenig kommt, behält wenig – ganz wie im Gleichnis mit den Talenten.

Seit Jahrzehnten ist in der Lernpsychologie bekannt, dass das *Vorwissen* einen erheblichen Einfluss auf den schulischen Lernerfolg hat, nicht nur, wie bis heute oft überschätzt, die Intelligenz. Franz E. Weinert konnte schon 1995 mit seinem Kollegen Andreas Helmke in der SCHOLASTIK-Studie für den Bereich des mathematischen Lernens nachweisen, dass lediglich am Beginn eines Lernprozesses geringes Vorwissen durch intellektuelle Fähigkeiten kompensiert werden kann. Mit zunehmender Aufgabenschwierigkeit nimmt die Möglichkeit ab, mangelndes Vorwissen durch Intelligenz auszugleichen (Weinert 1996, 19 ff.). Das heißt im Klartext: Ein Kind, das mit guter Intelligenz, aber geringem Vorwissen die Schule besucht, wird mit hoher Wahrscheinlichkeit erhebliche Schwierigkeiten bekommen! Karl Josef Klauer und Gerhard W. Lauth zeigen darüber hinaus auf, dass strategische Lernhandlungen sehr stark davon abhängen, »ob der Lernende auf gesicherte Vorerfahrungen und *bereichsspezifisches Wissen* zurückgreifen kann« (Klauer/Lauth 1997, 710) – ein weiterer verhängnisvoller Zusammenhang zwischen Vorwissen und Schulerfolg! Er liegt in der ordnungsbildenden Funktion von allgemeinem und bereichsspezifischem Wissen begründet, da gerade schulisches Lernen in einer Lernhierarchie abbildbar ist, »in der die rangniedrigeren Kenntnisse die Voraussetzung für die nachfolgenden Lernprozesse darstellen« (ebd.). Die Autoren kommen daher zum Schluss, dass Vorkenntnisse die beste Vorhersagekraft für schulische Lernschwierigkeiten haben. Doch den benachteiligten Schülerinnen und Schülern fehlt nicht nur das allgemeine und das bereichsspezifische Wissen; es fehlt ihnen auch an Wissen über das eigene kognitive System. Dies wirkt sich negativ auf planvolles und strategisches Lernen aus. (Unten im *Kapitel 2.4 Was wir beobachten können* werden unter 2.4.2 das Lern- und Leistungsverhalten im Allgemeinen und die Metakognition und die Lernstrategien im Besonderen noch genauer beleuchtet.) Dietmar Grube und Marcus Hasselhorn (2006, 101) kamen auf der Basis längsschnittlicher Analysen zur Lese-, Rechtschreib- und Mathematikleistung im Grundschulalter ebenfalls zu dem Ergebnis, dass die aktuelle Leistung in einem Bereich umso ausgeprägter ist, je mehr Wissen bereits zu einem früheren Zeitpunkt vorhanden war. Dies ist eine beinahe wörtliche Wiedergabe des oben genannten *Matthäus-Prinzips*! Die kognitive Leistungsfähigkeit spielt natürlich eine Rolle, vor allem durch die Unterstützung eines kontinuierlichen Wissensaufbaus. Allerdings ist dieser Einfluss nur indirekt, und nicht unmittelbar, wie oft angenommen. Matthias Grünke und Michael Grosche stellen 2014 ebenfalls den Zusammenhang her zwischen Schülerinnen und Schülern mit Lernbehinderung und fehlenden Vorkenntnissen, z. B. zum Einmaleins oder phonologischen Regeln der deutschen Sprache.

Unter *Legasthenie* bzw. unter *Dyskalkulie* befinden sich tabellarische Übersichten zu einer regelrechten Entwicklung der schriftsprachlichen bzw. mathematischen Kompetenzen. Anhand z. B. des Kastens zum Schriftspracherwerb (▶ Kasten 6) lässt sich veranschaulichen, dass ein Kind, das in der alphabetischen Phase noch große Schwierigkeiten hatte, Grapheme korrekt zu benennen, mit großer Wahrscheinlichkeit auch in der nächsten Entwicklungsphase, der orthografischen, sehr langsam und unsicher lesen wird. Dies trifft besonders dann zu, wenn in der Klasse lernzielgleich fortgeschritten wird, also alle Kinder gemeinsam die ersten Rechtschreibkonventionen der deutschen Schriftsprache erwerben sollen, auch wenn einige Kinder noch dabei sind, überhaupt alle Graphem-Phonem-Korrespondenzen zu erwerben und zu festigen. So werden Kinder in eine nächste Stufe gedrängt, obwohl sie auf der vorherigen noch nicht ausreichend sicher sind. Durch diese fehlenden Vorkenntnisse und eine insgesamt zu schmale Wissensbasis in den meisten Lernbereichen – Kulturtechniken wie Sachfächern – können die Kinder also den neuen Lernstoff nicht optimal mit vorhandenen Erfahrungen und Kenntnissen verknüpfen (Grünke/Grosche 2014, 77). Vor dem Hintergrund dieser Zusammenhänge sind Schulanfänger, die mit geringem Vorwissen ihr Schulleben starten, auf Lehrkräfte angewiesen, denen diese Zusammenhänge bewusst sind und die den Aufbau eines strukturierten Wissenssystems aktiv unterstützen. Als ein Beispiel sei hier die Methode des Advance Organizers genannt, bei der das Vorwissen der Schüler gezielt aufgegriffen und strukturiert werden soll (vgl. dazu Ellinger 2014).

2.2.2 Begabung und Denken

»*Lernfähigkeit ist nicht nur Voraussetzung, sondern auch Ergebnis des Unterrichts*« (Klein 1973, 303).

Mit diesem Zitat folgte Gerhard Klein für den Unterricht bei den damals so genannten *Lernbehinderten* der Aussage von Heinrich Roth, der in seiner Rolle als Mitglied der Bildungskommission des Deutschen Bildungsrates postulierte: »Begabung ist nicht nur Voraussetzung für Lernen, sondern auch dessen Ergebnis« (Roth 1969, 22). Lernfähigkeit ist auch heute noch der zentrale Begriff für die Definition von Intelligenz bzw. Begabung:

»Unter Intelligenz versteht man die allgemeine Fähigkeit zum Lernen, Denken oder Problemlösen, die sich insbesondere in jenen Situationen zeigt, die für eine Person neu bzw. unvertraut sind« (Hasselhorn/Gold 2013, 86).

Damit folgen die Autoren dem Ansatz David Wechslers, der die Auseinandersetzung mit der Umwelt in seiner Definition von Intelligenz bereits deutlich hervorhob:

»*Intelligence is the aggregate or global capacity of the individual to act purposefully, to think rationally and to deal effectively with his environment*« (Wechsler 1944, 3; kursiv i.O.).

In der deutschen Übersetzung durch Franz und Ulrike Petermann wird diese Definition ab *capacity* übersetzt mit »Fähigkeit des Individuums, zweckvoll zu handeln, vernünftig zu denken und sich mit seiner Umgebung wirkungsvoll auseinanderzusetzen« (Petermann/Petermann 2007, 22).

Wie groß ist nun die Rolle, die Intelligenz und Begabung bzw. Lernfähigkeit spielt?

Mit dem in Frankreich entwickelten und ab 1912 in Deutschland eingesetzten Simon-Binet-Test ermittelten Hilfsschulärzte und -lehrer den IQ ganzer Schülerpopulationen (Myschker 1998, 39). Reine IQ-Wert-Ermittlungen spielen heutzutage dagegen für unsere Schülerschaft eine geringere Rolle. Werden formelle Intelligenzverfahren verwendet, dann entweder im Rahmen einer kinderpsychiatrischen Diagnose von Teilleistungsstörungen (Ullmann 2013b, 245 f.) oder, um mithilfe der Ergebnisse der Subtests im Detail oder eines Intelligenzprofils im Allgemeinen Hinweise darüber zu finden, wo die Stärken und Schwächen eines Kindes liegen, um ihm gezielte Förderangebote machen zu können (ders. 2013a, 135 f.). Dies sah auch schon Ernst Begemann (1970, 237) so, der betonte, dass der Pädagoge die psychische Seite des Leistungsverhaltens eines Kindes nur deshalb kennenlernen will, um es angemessen fördern zu können. Durch seine Abkehr von der *Schwachsinnshypothese* war die Überbewertung des IQ in Kreisen der Sonderpädagogik weitgehend verpönt (Bundschuh 2014, 45) – und nicht nur in der Sonderpädagogik: Nach Ansicht des Marburger Psychologen Detlef H. Rost geht die Ablehnung des Konstruktes *Intelligenz* insgesamt zu weit; er formuliert dies drastisch:

> »Manche deutschsprachigen Bildungsforscher vermeiden in ihren Publikationen das Wort *Intelligenz* wie der Teufel das Weihwasser (…) Dieser verbale Kotau ist offenbar einer politischen Ideologie der Geldgeber, sprich der Kultusministerien, geschuldet (…)« (Rost 2015, 11).

Insgesamt sollten jedenfalls die Konstrukte Intelligenz und Begabung nicht völlig vernachlässigt werden, auch wenn sie nur einen moderierenden Einfluss auf das Wissen haben. So geben z. B. Hans Spada und Stefan Wichmann (1996, 145) zu bedenken, dass es durchaus »Einschränkungen durch Merkmale der kognitiven Architektur« gebe. Diese Einschränkungen bestehen vor allem in einer Kapazitätsbeschränkung des Arbeitsgedächtnisses. Das Problem dabei ist, dass diese schwierig zu beeinflussen sind. Daher sei die Vermittlung von Lernstrategien umso wichtiger. Das *Arbeitsgedächtnis* führen auch Katja Scheffler und Matthias Grünke an, wenn sie darstellen, welche Probleme eng mit Schwierigkeiten im Denken

2.2 Was Lernende in die Schule mitbringen, Teil 2: Interne Merkmale

zusammenhängen: Es ist umso schwieriger für ein Kind, alle Inhalte zu erfassen, je komplexer eine neue Information ist, vor allem, wenn es Defizite in der Basisfertigkeit der Informationsaufnahme und -verarbeitung hat. Dadurch werden »höherwertige Leistungen« wie der »Erwerb von Regel- und Begriffssystemen« (Scheffler/Grünke 2010, 150) behindert.

Konrad Bundschuh (2014, 45) hält aus einer pädagogischen Sichtweise heraus eine »dynamische Intelligenzauffassung« für sinnvoll. Diese gehe nicht vom interindividuellen Vergleich aus. Bundschuh hält eine Vorstellung von Intelligenz als besonders brauchbar, die sich an Piaget orientiert, für den Intelligenz »die höchste und beweglichste Form der Anpassung des Organismus an die Umwelt« (ebd., 46) darstellt. Das Individuum versucht stets ein Gleichgewicht zwischen sich und der Umgebung herzustellen:

> »Widersprüche zwischen den Erfahrungen von außen und den bereits bestehenden inneren Schemata empfindet der Mensch als Ungleichgewicht« (ebd.).

Die Aufgaben im Rahmen von Förderung müssen daher darin bestehen, das Kind bzw. den Jugendlichen dabei zu unterstützen, dieses Gleichgewicht möglichst selbst wiederherzustellen. Die Rolle der Emotion im Intelligenzkonzept gewinnt an Bedeutung, was Bundschuh als Chance für Erziehung und Unterricht ansieht. Unter 2.3.3 wird auf den Beziehungsaspekt des Lernens näher eingegangen werden.

Abgrenzung zur geistigen Behinderung

Die Hilfsschule verbindet mit der Schule für Geistigbehinderte eine gemeinsame Geschichte: Ulrich Bleidick (1998, 102) bringt in Erinnerung, dass sich die letztgenannte Schulart erst allmählich aus der Hilfsschule ausgegliedert hat. Auch unter diesem Aspekt bleibt es wichtig, das insgesamt in der pädagogischen Diskussion verpönte Intelligenzkriterium zumindest zur Kenntnis zu nehmen. Allerdings hat sich gerade in der psychologischen Diskussion im Gegensatz zur früheren klaren »Dichotomie zwischen Normalität und ›Schwachsinn‹« (Stemmler et al. 2016, 209) die Vorstellung eines Kontinuums durchgesetzt: Die Grenzen sind also fließend. Dies zeigt sich auch in der schulischen Praxis: Aufgrund der Entwicklungen im Rahmen der Inklusion und dem Rückbau von Klassen in Förderzentren mit den Schwerpunkten Lernen, Sprache und Verhalten gibt es die Tendenz, dass »schwächere« Schülerinnen und Schüler mit Lernbeeinträchtigungen Schulen mit dem Förderschwerpunkt geistige Entwicklung besuchen (Speck 2013, 2). Gleichzeitig nehmen Förderzentren auch Schüler mit dem Förderschwerpunkt geistige Entwicklung auf oder richten Klassen mit diesem Schwerpunkt ein. Ein aktuelles Beispiel in Unterfranken ist das Leo-Weismantel-Förderzentrum in Karlstadt-Gemünden (StMBK 2016).

2.2.3 Organische und neurologische Probleme

Probleme im Sinne eines Impairments, also einer körperlichen Schädigung oder Funktionsstörung, nehmen im Zusammenhang mit Lernbeeinträchtigungen eine eher untergeordnete Rolle ein (Strobel/Warnke 2007, 71). Auch gibt es kaum »zentralnervöse« Unterschiede zwischen Kindern mit und ohne Lernbehinderungen (Klauer/Lauth 1997, 713). Allerdings ist zu beachten, dass Sinnesbehinderungen sowie motorische Beeinträchtigungen das Lernen erschweren, ebenso wie neurologische Störungen und eine Anfälligkeit gegenüber Infektionskrankheiten (Kretschmann 2007, 13). So stellt Reinhard Lelgemann (2015, 637) fest, dass zwischen 10% und 20% der Schülerschaft an Förderzentren mit dem Schwerpunkt körperlich-motorische Entwicklung nach dem Lehrplan des Förderschwerpunkts Lernen unterrichtet werden. Auch muss bei Kindern mit Lernstörungen stets eine evtl. zugrundeliegende Hörstörung abgeklärt werden (von Deuster 1986, 61). Dies gilt natürlich auch für eine mögliche Sehschwäche. Markus Strobel und Andreas Warnke (2007, 77) halten aus kinder- und jugendpsychiatrischer, also medizinischer Sicht eine interdisziplinäre Zusammenarbeit zwischen den pädagogischen, psychologischen und medizinischen Fachvertretern für essentiell, um nicht nur Ursachen besser verstehen zu können, sondern um Förderung, Therapie und Rehabilitation zu verbessern. Es seien trotz der – oben gerade genannten – untergeordneten Rolle doch eine Reihe von Störungen bekannt, die mit einer Lernbehinderung einhergehen können, z. B. Chromosomenanomalien wie das Turner- oder Klinefeltersyndrom oder Stoffwechselerkrankungen wie die Phenylketonurie. Auch Alkoholkonsum in der Schwangerschaft kann sehr stark variierende Folgen nach sich ziehen – von starker geistiger Behinderung über leichte Intelligenzmängel bis hin zu normaler Intelligenz. Mit neurologischen Problemen hängen zumindest teilweise die drei wesentlichen Störungsbilder Legasthenie, Dyskalkulie und die Aufmerksamkeitsdefizit- und Hyperaktivitätsstörung (ADHS) zusammen. Diese Störungen wurden in die Internationale Klassifikation psychischer Störungen (ICD) 10 aufgenommen. Der Legasthenie können z. B. angeborene Wahrnehmungsstörungen zugrunde liegen (Ullmann 2013b, 228 f.). Ihre Erblichkeit scheint zwar hoch zu sein, dies wird aber zurückhaltend diskutiert. Die Dyskalkulie ist in Bezug auf die Ätiologie längst nicht so gut erforscht. Kinder mit ADHS sprechen häufig auf eine medikamentöse Behandlung gut an, was ein deutliches Indiz für einen engen Zusammenhang mit neurologischen Vorgängen darstellt; dennoch ist diese Behandlung aufgrund von unklaren Langzeitfolgen bekanntermaßen sehr umstritten; Edwin Ullmann empfiehlt daher eine Ergänzung durch weitere Behandlungsmethoden im Sinne eines multimodalen Konzeptes (ebd., 257). Bei Anzeichen von ADHS sollte auch stets daran gedacht werden, dass sich eine Traumatisierung dahinter verbergen könnte (Hoffart/Möhrlein 2014, 220). Unter 2.4.2 wird noch einmal auf ADHS eingegangen – mit Schwerpunkt auf das gezeigte Verhalten, speziell der Aufmerksamkeit.

2.2.4 Gender

Kaum jemand wird bestreiten, dass das Geschlecht angeboren ist und dass es auf der ganzen Welt eine Rolle spielt, mit welchem Geschlecht man geboren wird. Welche Bedeutung diesem aber zugeschrieben wird, hängt von der Zeit, der Kultur und der einzelnen Familie ab, in die ein Kind hineingeboren wird. Daher unterscheidet die englische Sprache auch zwischen *sex* (biologischem Geschlecht) und *gender* – dem gesellschaftlich relevanten bzw. *gemachten* (vgl. Schildmann 2014, 251). Weltweit sind Mädchen und Frauen benachteiligt – auch in Bezug auf Bildung. In der westlichen Welt, auch in Deutschland, scheinen eher die Jungen »Bildungsverlierer« zu sein. Im Gegensatz zu den 60er-Jahren des 20. Jahrhunderts, als in Deutschland noch die Mädchen als bildungsbenachteiligtes Geschlecht galten (Kottmann 2006, 161), erreichen Mädchen nicht nur höhere Abschlüsse, sondern werden auch seltener vom Schulbesuch zurückgestellt, sind außerdem in Haupt- und Förderschulen unterrepräsentiert, am Gymnasium aber überrepräsentiert (Kiper 2010, 173). Das Gleiche gilt für zu erwerbende Abschlüsse. Diese Tendenz wird seit den 1970er Jahren beobachtet (Müller 1973, 181). Auch Ulrike Schildmann stellte für 2011 fest, dass der Jungenanteil im Förderschwerpunkt Lernen knapp 60 % betrug – dies ist ein deutlicher, wenn auch nicht überwältigender Überhang. Neuere Zahlen werden keine überzeugenden neuen Ergebnisse bringen, da über integrativ beschulte Schülerinnen und Schüler bislang keine statistischen Überprüfungen nach Geschlechtern differenziert erfolgen (Schildmann 2014, 251). Wenn wir von *internen Merkmalen* sprechen, soll auch der Frage nach möglichen biologischen Hintergründen, besonders im Hinblick auf die Gehirnentwicklung, nachgegangen werden. Daniel Strüber, Psychologe mit Arbeitsschwerpunkt Neuropsychologie der Gewalt und Aggression sowie Entwicklung der Geschlechtstypisierung, referiert zunächst die immer noch aktuelle Forschungslage, dass die Gehirngröße von weiblichen Wesen zwar geringer ist als die von männlichen, dass das weibliche Gehirn dies aber z. B. mit grauer Substanz an der Gehirnmasse ausgleichen kann (Strüber 2010, 64 f.). Tatsächlich gibt es aber nicht nur diesen biologischen Unterschied zwischen den Geschlechtern; so wird das männliche Gehirn bereits im Mutterleib von Testosteron beeinflusst. Auswirkungen zeigen sich besonders deutlich ab der Pubertät. Zusammenfassend formuliert Strüber vorsichtig:

2.2 Was Lernende in die Schule mitbringen, Teil 2: Interne Merkmale

»Insgesamt zeigen die Ergebnisse, dass hirnanatomische Unterschiede zwischen Männern und Frauen bestehen, die einen organisierenden Einfluss hormoneller Prägung auf das Gehirn als mögliche Grundlage für die beobachtbaren Verhaltensunterschiede zwischen den Geschlechtern nahelegen« (ebd., 73).

Wichtig für den pädagogischen Alltag ist dabei, dass die Plastizität des Gehirns zu beachten ist; das bedeutet: die festzustellenden Unterschiede zwischen weiblichen und männlichen Gehirnen dürfen nicht als unveränderlich angenommen werden. Im Gegenteil, so fordert Strüber, sollte das Wissen über anatomische Unterschiede dazu führen, Jungen und Mädchen gezielt in den jeweiligen Bereichen zu fördern, die ihnen schwerfallen. In der Vergangenheit sei hier vor allem für Mädchen viel erreicht worden, die z. B. in den mathematisch-naturwissenschaftlichen Fächern aufgeholt haben. Die Jungen allerdings haben nicht entsprechend im Schriftsprachbereich aufgeholt (Einhellinger 2013, 274). Dies könne auch an Motivationsproblemen liegen, vermutet Strüber. Ein Problem dabei sei die unterschiedliche Bewertung von Fleiß, denn ohne aufgewendete Lernzeit ist kein Lernerfolg zu erwarten. Leider wird zwar Fleiß bei Mädchen entweder für gutgeheißen oder zumindest toleriert, bei Jungen gilt er aber eher als »uncool«:

»Entsprechend schwer haben es fleißige Schüler, da sie häufig als Streber angesehen werden. Allein schon dieser Umstand vermag einen großen Teil der zum Teil dramatischen Leistungsunterschiede in deutschen Schulen zwischen Jungen und Mädchen zu erklären« (Strüber 2010, 75).

Nun gibt es zur aktuellen Bildungsbenachteiligung für Jungen in Deutschland einiges hinzuzufügen. Zum einen gibt Hanna Kiper zu bedenken, dass es dennoch versteckte Probleme bei einer bestimmten Gruppe von Mädchen gebe, denn es sei zu befürchten,

»dass Lernprobleme von Mädchen seltener, später oder gar nicht entdeckt werden, weil sie nicht durch aggressives Verhalten auf Lernprobleme aufmerksam machen, sondern sich oft eher unauffällig, ängstlich und angepasst verhalten und seltener im Unterricht stören« (Kiper 2010, 178).

2 Aktuelle Perspektiven auf Lernbeeinträchtigungen

Der zweite Einwand bezieht sich auf den Umstand, dass die statistische Bildungsbevorzugung nicht für alle Mädchen gilt und auch nur bis zu einem bestimmten Alter: So macht Schildmann (2014, 252) darauf aufmerksam, dass zwar Jungen in allen Förderschwerpunkten überrepräsentiert seien; nach der Schulzeit allerdings nehme »die Geschlechterdynamik im Zusammenhang mit Behinderung einen eher umgekehrten Verlauf« (ebd.). Hier greifen dann Mechanismen wie familiäre Pflichten und der schwierige Übergang ins Erwerbsleben. Besonders ungünstig scheint die Lage für die Gruppe von Mädchen mit türkischem Migrationshintergrund zu sein; für sie sind vermehrt Schwierigkeiten im Übergang in ein Erwerbsleben zu erwarten, wie Susanne Bergann und Petra Stanat (2010, 166) berichten. Was für den Lernerfolg und den Übergang ins Berufsleben gilt, nämlich die Umkehrung des Mädchenvorteils, gilt in ähnlicher Weise auch für die gesamte psychosoziale Entwicklung. So berichten Angela Ittel und Herbert Scheithauer (2007, 103), dass Jungen zwar in der frühen und mittleren Kindheit anfälliger für negative Auswirkungen von kritischen Lebensereignissen seien als Mädchen, sich dieses Verhältnis aber während der Pubertät umkehre. Zu diesen widersprüchlichen Ergebnissen passend werden die Zukunftsperspektiven sozial benachteiligter junger Frauen sehr kontrovers diskutiert. Häufig vertreten wird der Standpunkt, dass mit dem Wandel der sozialen Geschlechterrollen aufgrund der gesellschaftlichen Individualisierungsprozesse sich auch für sozial benachteiligte junge Frauen Chancen ergeben. Schroeder hingegen bezweifelt einen nennenswerten Zugewinn an Unabhängigkeit und Selbstbestimmung in der Lebensplanung für sozial benachteiligte Frauen (Schroeder 2012, 371).

Es sollte aus diesem Kaleidoskop an zusammengetragenen Forschungsergebnissen und Beobachtungen der Schluss gezogen werden, dass auf Jungen gerade im Schriftspracherwerb nach wie vor besonders geachtet werden sollte, da dieser eine wesentliche Basis für den weiteren Schulerfolg darstellt. Es gibt aber auch einige Gruppen von Mädchen, die besondere Fürsorge brauchen; das sind vor allem Mädchen ab der Pubertät, Mädchen mit Migrationshintergrund, besonders mit türkischem und mit Fluchthintergrund (▶ Kap. 2.1.5), sowie sozial benachteiligte Mädchen im Übergang von der Schule ins Erwerbsleben. Vor allen Dingen gilt aber wiederum: Genau hinsehen, egal ob Junge oder Mädchen!

2.3 Was Lernende in der Schule vorfinden

2.3.1 Das Schulhaus

Es mag banal anmuten, dem Schulgebäude ein eigenes Kapitel zu widmen. Architektur und Ausstattung ist zwar Gegenstand pädagogischer Diskussionen, spielt aber in der Ausbildung eine geringe Rolle – zumindest in der Pädagogik bei Lernbeeinträchtigungen. Im Förderschwerpunkt Hören und Kommunikation ist der Schulbau schon der Akustik wegen ein wichtiger Punkt, ebenso natürlich auch aus praktischen Erwägungen im Förderschwerpunkt körperlich-motorische Entwicklung. Erst durch eine Fortbildung an der Würzburger Karl-Kroiß-Schule, einem Förderzentrum mit dem Schwerpunkt Hören, wurde ich durch entsprechende Vorträge darauf aufmerksam, wie groß der Einfluss der akustischen Qualität eines Raumes auf die Konzentration und Aggressionsdichte ist – dies gilt für Klassen- und Ruheräume, aber auch für Pausen- und Aufenthaltsräume (vgl. Hammelbacher 2016). Nicht umsonst spielt in reformpädagogischen Konzepten und Schulhäusern die kinder- und lernfreundliche Architektur eine große Rolle – man denke an die runden Räume und sanften Farben in Waldorfschulen. Der Erziehungswissenschaftler Christian Rittelmeyer stellte in eigenen Untersuchungen einen engen Zusammenhang zwischen Formen und Farben im Schulhaus und körperlichen Reaktionen auf die Menschen fest, die sich darin aufhalten und lernen (Rittelmeyer 2014, 21). Rudolf Kretschmann (2007, 17) widmet sich – eher ungewöhnlich für einen Beitrag aus der Pädagogik bei Lernbeeinträchtigungen – vergleichsweise intensiv *Bau, Gelände und Ausstattung*. Ungünstig seien neben einer unfreundlichen, oft schlecht erhaltenen baulichen Gestaltung der Einrichtung und der Außenanlagen ein nichtfunktionelles Raumangebot; zu einer veralteten, ungepflegten Ausstattung von Räumen und Arbeitsmaterialien gesellen sich schnell Spuren von Vandalismus. Rittelmeyer (2014, 20 ff.) fasste nach einem Literaturüberblick negative Auswirkungen von als hässlich empfundenen Schulbauten zusammen: Es werden Reizbarkeit, Kopfschmerzen, Konzentrationsprobleme und der von Kretschmann bereits genannte Vandalismus berichtet. Günstig hingegen seien ausreichend große, angenehm temperierte und gut belüftete sowie beleuchtete Räume, warme Farben und eine gemütlich wirkende Einrichtung z. B. mit Ecken zum Zurückziehen und Pflanzen.

2.3.2 Übergang in die Schule als Bruch im Lebenslauf

Edwin Ullmann (2014, 13 f.) stellt im ersten Satz seines Beitrages über die »Entwicklungsaufgabe Schulanfang« fest, dass der Übergang in die Schule für jedes Kind »eine immense Herausforderung« darstellt. Wenn diese Herausforderung gemeistert wird, werden Selbstvertrauen und »Zuversicht bezüglich des eigenen Leistungsvermögens« gestärkt. Allerdings gilt leider auch, dass das Kind bei ungünstigen Rahmenbedingungen die Einschulung als ein »hilfloses Ausgeliefertsein an eine ihm unbekannte und nicht vertraute Situation« erleben wird (ebd.). Dies kann unter anderem daran liegen, dass manche Kinder, wenn sie in die Schule kommen, bisherige Lebens-, Lern-, Sprach- und Bewältigungsstrategien über Bord werfen müssen: In einfühlsamer Weise arbeitete Ernst Begemann (1970, 132) heraus, welch einschneidendes und verletzendes Erlebnis die Einschulung und Schulzeit für viele Kinder aus sozial randständigen Familien sein kann.

> »Für die Kinder der sozial Randständigen bedeutet der Schuleintritt nicht nur einen Milieubruch, der sie in eine Welt mit anderen Werten, Verhaltensweisen und Ordnungen stellt. Sie werden auch menschlich als Außenseiter isoliert, so daß ihr Weltvertrauen durch mangelnde Geborgenheit auf die Probe gestellt

ist. Die Familie behält nur teilweise ihre ›Schutzfunktion‹ (Wurzbacher), weil sie die Benachteiligung in der Schule nicht ausgleichen kann, sondern verstärkt und weil sie ihre Einflußlosigkeit gegenüber der staatlichen Institution Schule erfährt. Unterschichtkinder können deshalb durch die Schule emotional verunsichert werden, wenn diese ihre Not der Ungeborgenheit nicht bewußt auszugleichen versucht. Verharrt sie dagegen als reine Lernschule in Gleichgültigkeit, weil sie meint, alle Kinder gleich behandeln zu müssen, so wird sie die soziale Schranke in ihrer Schülerschaft eher verstärken als vermindern und die Leistungen der Unterschichtkinder drosseln« (Begemann 1970, 132).

Aus der kindlichen Binnenperspektive beschreibt Christel Manske, heute promovierte Psychologin, zum gleichen Problem. Ihre damalige Lehrerin wertete aus einer – um mit *Hiller* zu sprechen – *kulturimperialistischen* Sichtweise heraus ab, was sie nicht für gute Bildung hielt: Die Liebe zum Karneval und seinen Ausschweifungen und – aus der Sicht der Lehrerin – seichten Liedern in der Familie der Autorin wurde ab dem Moment entwertet, als die Lehrerin sich abfällig und unverständig darüber äußerte. Damit machte sie unnötig etwas zum Problem, was kein Problem hätte sein müssen. Zuvor und für sich genommen hätte die Autorin das Aufwachsen in einer Familie mit einer solchen kulturellen Bevorzugung nicht als Problem gesehen. An dieser Stelle wird auch deutlich, dass soziokulturelle Benachteiligung im Sinne einer unmittelbar empfundenen Einschränkung, z. B., weil materielle Dinge fehlen oder die Eltern keinen Zugang zu Bildung ermöglichen können, zu unterscheiden ist von einer Abwertung, die allein aus Mittelschichtsidealen herrührt (Manske 1996, 157). Eine solche vermeidbare Abwertung aufgrund des Anlegens nicht geeigneter Wertmaßstäbe zeigen Andreas Hinz und Kollegen auf: Sie äußerten im Rahmen ihrer Ergebnisse zum Hamburger Schulversuch die Überzeugung, dass gut gemeintes individualisierendes und eigenaktives Lernen nicht für sozial benachteiligte Kinder geeignet sei:

»Die Didaktik des individualisierenden, eigenaktiven Lernens nach der Eigenzeit mag für Professorenkinder taugen, Kinder aus sozialen Brennpunkten können sich nach dieser Technologie, wenn sie nicht intuitiv korrigiert und erweitert wird, leicht selber aus den Schulkarrieren heraussozialisieren; sie können nicht wissen, welche Sprech-, Lese-, Rechen- und Schreibrhythmen in der Gesellschaft gelten« (Hinz et al. 1998, 85).

Man sollte die Hinweise Begemanns sowie Hinz et al. als Gelegenheit zur Sensibilisierung gegenüber Kindern, für die die Einschulung einen besonders schweren Bruch in ihrem Lebenslauf darstellt, sehen. Man darf aber nicht der Gefahr erliegen, nun alle Kinder aus sozial benachteiligten Verhältnissen über einen Kamm zu scheren – an dieser Stelle sei z. B. an die Ausführungen von Otyakmaz (2014, 926) oder Wippermann et al. (2013, 276 f.) aus Kapitel 2.1.5 erinnert, die sich gegen zu pauschale Urteile gegenüber Migrantenfamilien einsetzen. Vielleicht ist der z. B. von Begemann so eindringlich beschworene Bruch im Lebenslauf von Kindern aus sozial benachteiligten Familien gar nicht so krass wie er es einschätzt, weil die Kinder zwar im äußersten Fall eine andere Welt kennenlernen, vielleicht zwischen diesen Welten unter Umständen aber ganz gut »switchen« können?

Manchmal, so könnte man provokativ formulieren, ist der Bruch auch zu gering: wenn sich, wie bereits im häuslichen und nachbarschaftlichen Lebensumfeld, auch in der Schule aufgrund von »Ghettoisierung« wieder sehr gehäuft Mitschüler in den Klassen finden, die aus einem bildungsfernen oder belasteten Umfeld stammen. Die oben referierte Aussage von Brake/Büchner (2012, 175), dass in manchen Wohnvierteln die Kinder zu wenige deutsche Sprachvorbilder haben, passt gut hierher.

2.3.3 Schulversagen als Versagen der Schule?

»Die Schwäche der Schule und der Lehrer und die Schwächen der Schüler sind zwei Seiten der gleichen Sache« (Möckel 1988, 167).

Hinführung

Im Grunde genommen dürfte dieser Punkt überhaupt nicht in diesem Kapitel und unter dieser Überschrift auftauchen, denn ein Versagen der Schule im Sinne eines »unzureichenden Lernangebots« (Grünke/

2.3 Was Lernende in der Schule vorfinden

Grosche 2014, 78) schließt per definitionem eine Lernbehinderung aus. Für Lernstörungen allerdings gilt, dass ihr Fortdauern damit zusammenhängt, wie rechtzeitig und wie sinnvoll eingegriffen wird (Lauth et al. 2014b, 18).

Die Schule: Institutioneller Aspekt

Darüber, dass Lernbehinderungen bzw. Lernbeeinträchtigungen auch eine Folge des selektiven Schulsystems sein können (Werning/Lütje-Klose 2016, 71), herrscht weitgehende Einigkeit, da »die Diagnose eines Kindes oder Jugendlichen als lernbehindert immer maßgeblich von schulischen Normanwendungsprozessen bestimmt ist« (Geiling/Theunissen 2009, 340). Im logischen Schluss muss man die jeweilige Lage in den 16 Bundesländern der BRD genauer betrachten, um für ein Bundesland festzustellen, welche Schülerinnen und Schüler es sind, die aus dem System fallen. Streng genommen müsste man jede Schule für sich betrachten, da auch diese sich in ihrer Selektivität sehr unterscheiden, auch innerhalb der deutschen Länder.

Die Lehrkraft: Beziehungsaspekt

»Indem Lehrerinnen und Lehrer Wissen und Verhaltensregeln vermitteln, gestalten sie immer zugleich auch interpersonale Beziehungen« (Ulich/Jerusalem 1996, 181).

Die Psychologen Dieter Ulich und Matthias Jerusalem stellten Mitte der 1990er Jahre fest, dass nach einem ausgesprochenen Boom in der Erforschung des Zusammenhangs von sozialen Beziehungen mit Lernleistungen von den 1960ern bis Anfang der 1980er Jahre das Interesse der Forschung an diesem Bereich inzwischen merklich nachgelassen hat (Ulich/Jerusalem 1996, 182). Eine weitere bemerkenswerte Aussage in diesem Zusammenhang ist folgende: »Heute« – also in den 90er Jahren des 20. Jahrhunderts – werde der Interaktionsprozess zwischen Lehrkraft und Schülern als Vorgang wechselseitiger Einflussnahme aufgefasst, während weiter zurückliegend »eher traditionelle Forschungsrichtungen wie etwa die Unterrichts- und Erziehungsstil-

Forschung (...) am Prinzip der ›Lehrereffektivität‹« (ebd.) interessiert waren. Diese Feststellung ist gerade im Hinblick auf die aktuelle Diskussion um Evidenzbasierung interessant, die mit einem bestimmten Verständnis von Empirie (Hechler 2016a, 42) und einem gewissen »*Absolutheitsanspruch*« (Ellinger 2016, 100) verbunden ist. Ebenfalls faszinierend ist aus heutiger Sicht, dass Ulich und Jerusalem eine Forschungstradition vor 20 Jahren als »traditionell« bezeichnet haben, die in den 2010er Jahren tatsächlich die vorherrschende zu sein scheint. Die Autoren wiesen jedenfalls darauf hin, dass es zwar Zusammenhänge zwischen Lernerfolg und Lehrerpersönlichkeit gibt, dass sich daraus aber leider keine einfachen Schlussfolgerungen ziehen lassen:

> »Frühe Studien haben gezeigt, daß Indikatoren eines negativen emotionalen Klimas (Kritik, Zurückweisung, negative Gefühlsäußerungen) für gewöhnlich mit Leistung negativ korrelieren, daß aber ein positives emotionales Feedback nicht unbedingt positiv mit Schulleistung korreliert« (Ulich/Jerusalem 1996, 185).

Hechler (2016b, 215 f.) dagegen geht einen Schritt weiter und geht davon aus, dass die Lehrerpersönlichkeit »das wirksamste und am häufigsten eingesetzte Unterrichts- und Fördermittel« sei. Er ist der Überzeugung, dass »die jetzigen schulischen Lernprobleme nicht kausal auf kognitive Defizite in der frühkindlichen und vorschulischen Entwicklung verweisen, sondern vorrangig auf Defizite in der emotionalen und sozialen Entwicklung« (ebd., 178); konkret versteht er Lernbeeinträchtigungen und Verhaltensstörungen als Beziehungsstörungen. Insofern ist es schlüssig, die Beziehung zwischen Lehrkräften und Schülern als »Dreh- und Angelpunkt des schulischen Lehrens und Lernens« (ebd., 211) aufzufassen und zum Schluss zu kommen, dass die Lehrerpersönlichkeit »das wirksamste und am häufigsten eingesetzte Unterrichts- und Fördermittel« sei. Missachtet der Lehrer diese Erkenntnis und werden drängende Fragen in Bezug auf die Erlebenswelt des Kindes sowie die Dynamik in der Klasse nicht entsprechend berücksichtigt und bearbeitet, bleibt der Lehrer mit seinen Fragen alleine und es bleibt ihm oftmals ein »diffuses Unbehagen« und womöglich ein Gefühl der Beschämung, weil er sich

2.3 Was Lernende in der Schule vorfinden

seinem Beruf offensichtlich nicht gewachsen fühlt (ebd.). Ganz ähnlich beschrieb Kretschmann (2007, 10) diese Situation; er spricht von Gefühlen »narzisstischer Kränkung bei Lehrenden, denen erfolglose Schüler die Grenzen ihrer Kompetenz aufzeigen« und in der Folge von emotionaler und sozialer Ausgrenzung der Schüler durch die Lehrer »infolge erlebter ›Kränkung‹«. Nun ist eine Beziehung zwischen Lehrern und Schülern etwas anderes als ein Eingreifen, wie es oben in der Hinführung mit Verweis auf Lauth et al. formuliert wurde. Eine Brücke lässt sich dennoch zwischen beiden Konzepten schlagen, wenn man beim unter Kapitel 2.3.3 einleitend angesprochenen *rechtzeitigen* und *sinnvollen Eingreifen* eine Interaktion versteht, die auf mehreren zeitlichen Ebenen stattfindet: Wenn der Schüler in die Schule kommt, passen die Bedingungen für ihn oft nicht ideal auf seine Lernvoraussetzungen; wenn er dann Lernprobleme zeigt, schafft es der Lehrer nicht, angemessen darauf zu reagieren. Schon Stötzner (1864/1963, 7) hatte dieses unangemessene Lehrerverhalten sehr anschaulich geschildert:

»Da wird er wohl ungeduldig und meint, mit Strafen schneller weiter zu kommen; aber nun verliert das arme Kind mit der Liebe zum Lehrer auch alles Vertrauen zu sich selbst. Es wird immer matter; vielleicht wird es sogar noch stöckisch und trotzig. Und nun lässt der Lehrer das Kind fallen« (ebd.).

(Hier drängt sich übrigens buchstäblich der Gedanke an die *selffulfilling prophecy* auf, auch wenn zwischen Stötzners Beschreibungen und Robert Rosenthals in der Pädagogik berühmten Experimenten in amerikanischen Grundschulen über 100 Jahre liegen.) Gerade im Hinblick auf das Stötznerzitat ist aus heutiger Sicht zu sagen: Es kann nicht sein, dass Schulversagen wieder – wie Mitte des 19. Jh. – als Kriterium für Lernbeeinträchtigung herhalten muss. Dass z. B. in Mecklenburg-Vorpommern Schulversagen in bestimmten Fällen eine Feststellung des Sonderpädagogischen Förderbedarfs ersetzen soll, kann eindeutig als Rückschritt angesehen werden: Konkret geht es darum, dass Abgänger der Regionalen Schule, die keinen Abschluss erreicht haben, ohne weitere Diagnostik, ausschließlich qua Schulversagen, die Förderschule besuchen können, um doch noch eine

Berufsreife zu erlangen. Auch in den mittleren Klassen spielt Schulversagen eine wichtige Rolle: Hier ist »eine mindestens einmalige Klassenwiederholung sowie eine aktuell drohende weitere Nichtversetzung erforderlich, um den sonderpädagogischen Förderbedarf im Bereich Lernen zugesprochen und somit sonderpädagogische Förderung zuerkannt zu bekommen« (Burgert 2015, 502).

Die Lehrkraft und das Klima in ihrer Klasse

Erneut kommen wir auf das Thema der *Effekte* zurück: Werner Zielinski (1996, 378) stellte zur damaligen Forschungslage fest:

> »Untersuchungen, die sich mit den Auswirkungen mangelnder Unterrichtsqualität beschäftigen, sind selten. Die meisten Arbeiten befassen sich mit positiven Effekten von Unterricht«.

Erfolgreichen Lehrern gelinge es demnach, einen hohen Prozentsatz der Unterrichtszeit tatsächlich auf den Stoff zu verwenden statt auf organisatorische oder disziplinarische Maßnahmen – und anstatt einer zu starken »Betonung prozeduraler und sozialer Aktivitäten« (ebd., 379). Diese Aussage steht nicht zwingend in Konkurrenz zur hohen Bedeutung des Beziehungsaspektes, denn die Qualität einer Beziehung – zwischen Lehrer und Klasse und ebenfalls unter den Schülern – spiegelt sich sicher nicht im Zeitaufwand, den man den genannten sozialen Aktivitäten widmet. Während es bei den soeben angeführten Untersuchungen um die Auswirkung des Unterrichtsklimas auf die ganze Klasse ging, soll nun der einzelne Schüler im Fokus stehen. Die soziale Dimension des Schulversagens gilt seit Jahrzehnten als gesichert: Ein niedriger Rang in der sozialen Hierarchie einer Schulklasse korreliert mit einem niedrigen Schulleistungsniveau; die Kausalität ist in beide Richtungen denkbar. Glücklicherweise – so fasste es Zielinski bereits vor 20 Jahren zusammen – gebe es Hinweise darauf, dass »Lehrer die Möglichkeit haben, durch von ihnen gesetzte Wertakzente die Relation von Schulversagen und negativem sozialen Status zu durchbrechen und ein Sozialklima in der Klasse zu schaffen, in dem der Leistungsaspekt nicht dominiert. Ein ungünstiges soziales Klima, das Lernfreude und Unterrichtsergebnisse beeinträchtigt, wird vor allem durch forcierte Wettbewerbsbedingungen erzeugt« (ebd., 379 f.). Christian Huber und Jürgen Wilbert kamen in einer eigenen Studie zum Ergebnis, dass ihre Daten das Risiko sozialer Ausgrenzung für leistungsschwache Kinder bestätigen; es gebe aber auch »erste Hinweise« darauf, »dass in manchen Schulklassen diesem erfolgreich entgegengewirkt werden kann« (Huber/Wilbert 2012, 147).

Die Lehrkraft und ihr Unterricht: Lernausgangslage berücksichtigen, Lernzeit anpassen

Unter der Überschrift »Lernbehinderte als Schulversager eines Jahrgangsklassensystems mit Frontalunterricht« verurteilte Ernst Begemann (1973, 136) diese Unterrichtsform und forderte mehr Individualisierung. Schon 1970 hatte er in seinem Hauptwerk das Ausrichten des Lerntempos in der Klasse »am Durchschnittsschüler und an dessen Vermögen« (Begemann 1970, 135) kritisiert; Hinz et al. (1998, 85) dagegen entlarven eine »Didaktik des individualisierenden, eigenaktiven Lernens nach der Eigenzeit« als Mitverursacherin von Lernbehinderungen. Ein möglicher Konsens könnte darin gefunden werden, dass Schülerinnen und Schüler, die ungünstige Voraussetzungen mit in die Schule bringen und zuhause unter schwierigen Bedingungen lernen müssen, einen besonders guten, auf sie angepassten Unterricht benötigen – sonst droht die Gefahr des Schulversagens und Scheiterns. Zielinski (1996, 377) ist einer von vielen, die nach und mit Begemann kritisiert haben, dass die übliche Vorgehensweise in Schulen im Hinblick auf den Zeitfaktor, nämlich allen Schülerinnen und Schülern die gleiche Lernzeit anzubieten, die Differenzen zwischen den Lernern mit unterschiedlicher Lernausgangslage vergrößert. Auch Gold (2011, 56 f.) macht auf den wichtigen Faktor Lernzeit aufmerksam. Natürlich geht es beim Berücksichtigen der Lernausgangslage nicht nur um ein Mehr an Lernzeit, sondern auch um die Qualität des Bildungsangebotes und die Passung auf die individuellen, sozial bedingten Lernvoraussetzungen.

Da dieses kleine Kapitel keine Didaktik bei Lernbeeinträchtigungen aufreißen kann, soll an dieser Stelle in exemplarischer Weise ein besonders profilierter und im Wortsinn radikaler Vertreter der Berücksichtigung der Lernausgangslage genannt werden – Gotthilf G. Hiller (2016). Er warf stets und wirft immer noch dem Gros der didaktischen Konzeptionen vor, dass sie sich »viel zu selten um die Frage nach ihrer sozialen Geltung und ihren Wirkungen gekümmert« haben. Im Gegenteil: den »bürgerlichen Bildungsstandards samt den darauf bezogenen unterrichtlichen Angeboten, Herausforderungen, Umgangsformen und Lehr-/Lernmethoden« lastet er die Schuld an der Lernmisere bestimmter Schüler an, nicht diesen Schülern selbst, deren Probleme – so Hiller – »frech umdefiniert« würden – zu individuellen Defiziten (ebd., 41).

2.4 Was wir beobachten können – Erscheinungsformen

2.4.1 Sprache

Einleitung: Bedeutung von Sprache für das Lernen

Gut beobachtbar und darüber hinaus ein außerordentlich wichtiges Instrument für das Lernen, die Interaktion mit anderen und die soziale Teilhabe ist die Sprache. Sprachbesitz wird als »Schwelle zur Kultur« angesehen (Lüdtke/Stitzinger 2015, 48). Wilma Schönauer-Schneider und Karin Reber (2014, 78) ordnen Sprache als das »bedeutendste Mittel zum Austausch von Gedanken, Vorstellungen, Erkenntnissen und Informationen sowie zur sozialen Interaktion« ein. Sie unterstreichen die plausible Schlüsselfunktion der Sprache für das schulische Lernen, die Kretschmann (2007) am Beispiel des inneren Sprechens eindrucksvoll veranschaulicht:

> »Lerntätigkeiten haben offene und verdeckte Anteile. Der offene Anteil beim Lösen einer Rechenaufgabe besteht z. B. darin, dass das Kind Zahlen aufs

Papier schreibt; der verdeckte Teil besteht in der gedanklichen Lösungsoperation (...) Der verdeckte Anteil – die gedankliche Steuerung der Lösungsoperation – ist der entscheidende« (Kretschmann 2007, 24).

Dabei seien zwei verschiedene Varianten der gedanklichen Selbststeuerung zu unterscheiden: eine *problemlösende* (Lösungsweg suchen) und eine *gefühls- und verhaltensregulierende Selbststeuerung*, die in kritischen Situationen greift, indem günstige Selbstgespräche das Handeln begleiten. Diese Selbststeuerung wird über das Medium Sprache erworben, indem das Kleinkind zunächst zu sich selbst spricht, das *äußere Sprechen* in ein *inneres Sprechen* übergeht und vom inneren Sprechen in einen »fast automatisiert und unbewusst ablaufenden Prozess« (ebd., 26), der in der Regel nur selten bemerkt wird. Das Anwenden von Lernstrategien ist ohne Sprache nicht denkbar – mehr dazu in Kapitel 2.4.2.

Folgen von Sprachproblemen für das Lernen

Sprachprobleme können die Sprachproduktion betreffen (z. B. durch Aussprachprobleme oder geringen Wortschatz) oder die Rezeption, die sich meist in mangelndem Sprachverständnis äußert (Schönauer-Schneider/Reber 2014, 78). Bei der Einschulung fallen Kinder mit Schwierigkeiten im Sprachverständnis dadurch auf, dass sie sprachliche Anweisungen nicht befolgen und auf Fragen nicht adäquat reagieren. Im aktiven Sprechen fällt ihr geringer Wortschatz auf (Nußbeck 2010, 163). Gerade Late Talker, also Kinder mit verspätetem Sprachbeginn, zeigen bis ins Schulalter hinein eingeschränkte Erzählfertigkeiten (Kauschke 2015, 57). Das Problem bei Kindern mit geringem Wortschatz ist, dass der Bedeutungsumfang der Wörter nicht präzise genug ist. Daher verwenden sie häufig sog. Allerweltswörter wie *machen, tun, Sache* oder *Ding*, wodurch es leicht zu Missverständnissen kommen kann, die den Kindern als Unachtsamkeit oder Ungehorsam ausgelegt werden und Verhaltensprobleme nach sich ziehen können (Nußbeck 2010, 163). Generell besteht die Gefahr, dass die eingeschränkten positiven Kommunikationserfahrungen sprachauffälliger Kinder die Entwicklung sozialer Kompetenzen beeinträchtigen (Kauschke 2015, 58).

Zusammenhang zwischen Sprachproblemen und Lernbeeinträchtigungen

Otto Dobslaff (2007, 145) untersuchte die sprachlichen Probleme bei Schülern mit Lernbeeinträchtigungen im mittleren und älteren Schulalter und kam zum Ergebnis deutlicher Defizite im Gebrauch der Muttersprache. Konkret fand er – individuell variierend – »sowohl phonologische, semantisch-lexikalische, syntaktisch-morphologische und kommunikativ-pragmatische Fähigkeiten sowie das Satz- und Kontextverständnis beeinträchtigt«. Für die gesamte Stichprobe konnte er keinen einzigen Schüler ermitteln, »der mit seinem sprachlichen Leistungsniveau oberhalb der mittleren Leistungsgrenze der Regelschüler lag« (ebd.). Nachdem es einen statistischen Zusammenhang zwischen Lernbeeinträchtigungen und sozialer Benachteiligung gibt, verwundert es im Anschluss an obige Ausführungen nicht, dass es auch einen statistischen Zusammenhang zwischen einem hohen Anteil an Kindern mit Schwierigkeiten im Sprachgebrauch zur Zeit der Einschulung und dem Leben in einem sogenannten sozialen Brennpunkt gibt (Nußbeck 2010, 163). Kinder, die unter ungünstigen Umwelteinflüssen bis hin zur Deprivation aufwachsen müssen, entwickeln häufig Sprachentwicklungsstörungen (Franke 2016, 203).

2.4.2 Lern- und Leistungsverhalten

Einleitung: Auffassung von Lernen als gute Informationsverarbeitung und Lernaktivität

Wenn man sich die psychologische Sichtweise zu eigen macht, nimmt man zunächst eine beobachtende Position ein, aus der heraus versucht wird, an das schulische Lernen möglichst sachlich heranzugehen. Es ist für Lehrkräfte eine große Chance, die Erkenntnisse der Nachbardisziplin Psychologie zur Kenntnis zu nehmen und zu berücksichtigen. Die folgende Zusammenstellung von Übersichten zur Motivation, zum Selbstkonzept, zum Arbeitsgedächtnis etc. liefert uns wertvolle Erkenntnisse, die aber pädagogisch eingeordnet und gewendet werden müssen. Unter dieser Prämisse sind die teilweise technokratisch anmutenden Begriffe wie *Informationsverarbeitung* auch und gerade im sonderpädagogischen Feld berechtigt und stellen einen nur scheinbaren Widerspruch zu Kapiteln, die vor allem pädagogisch geprägt sind, dar. Lernstörungen bzw. Lernbeeinträchtigungen als Probleme mit der *Informationsverarbeitung* zu sehen ist *common sense* in der pädagogischen Psychologie (z. B. Gold 2011, 25; Lauth et al. 2014a, 23). Hasselhorn und Gold (2013, 5) ordnen der Überschrift *Erfolgreiches Lernen als gute Informationsverarbeitung* zum einen das Vorwissen unter, das im Wesentlichen bereits im Kapitel 2.2.1 besprochen wurde und hier nicht wiederholt werden soll. Zum anderen ergänzen sie Aufmerksamkeit und Arbeitsgedächtnis, Lernstrategien und Metakognition, Motivation und Selbstkonzept. Diese für schulisches Gelingen wichtigen Aspekte werden im Folgenden anhand aktueller Literatur vorgestellt. Der Aufbau des Kapitels erweist sich dabei aufgrund der komplexen Zusammenhänge als überaus schwierig. Die Motivation hängt eng mit dem Selbstkonzept zusammen, das Selbstkonzept mit der Leistung des Arbeitsgedächtnisses und mit erfolgreich oder eben weniger erfolgreich angewandten Lernstrategien, das Anwenden von Lernstrategien mit der Motivation und dem Selbstkonzept. Das Zusammenspiel der Faktoren ist dabei noch nicht ausreichend geklärt. Daher verwundert es nicht, wenn die klassischen Lehrwerke der Psychologie des Lernens Ähnlichkeiten aufweisen, sich aber in ihrer Einteilung deutlich unterscheiden.

Das Leistungsmotivsystem mit Kausalattribuierung und Selbstkonzept

Versucht man Motivation isoliert zu betrachten, herrscht einerseits große Einigkeit darüber, dass Schülerinnen und Schüler mit Lernproblemen meist eine mangelnde Lernmotivation zeigen (z. B. Kanter 2006, 148; Grünke/Grosche 2014, 77). Erwartbare empirische Ergebnisse allerdings sind dabei enttäuschend. Zielinski stellte schon vor 20 Jahren fest:

»So plausibel die Beziehungen zwischen Motivation und Lernschwierigkeiten erscheinen, so enttäuschend ist der Beitrag motivationaler Variablen zur Vorhersage von Erfolg und Mißerfolg in der Schule« (Zielinski 1996, 376).

Enttäuschend sind auch Versuche verlaufen, »durch Motivationstraining merkliche und dauerhafte Leistungsverbesserungen zu erzielen« (ebd.). Eine mögliche Erklärung sah Zielinski unter anderem in der naiven Annahme, dass weit zurückreichende Vorkenntnisdefizite allein durch Verbesserung der Motivation ausgeglichen werden können. Auch Weinert (1996, 21) sprach diesbezüglich von »enttäuschenden empirischen Befunden«. Er vermutet, dass das leistungsbezogene Selbstvertrauen hier eine Schlüsselrolle spielen könnte, allerdings auch nur eine vermittelnde, keine direkte. Überzeugender als eine isolierte Vorstellung von Motivation ist also eine in ein System eingebundene, wie das Leistungsmotivsystem, das Gold (2011) vorstellt und das in der folgenden Graphik veranschaulicht werden soll (▶ Abb. 5).

Der Schüler neigt entweder dazu, erfolgsorientiert oder misserfolgsängstlich zu lernen. Damit eng verknüpft ist sein Attributionsstil, d. h. also das bevorzugte Muster, mit dem er Erfolg und Misserfolg erklärt. Damit hängt ebenfalls sein leistungsbezogenes Selbstkonzept eng zusammen. Gold führt weiter aus, dass sich die extrinsische Lernmotivation bei Kindern mit Lernschwierigkeiten aufgrund der ausbleibenden guten Leistungsbewertungen meist negativ entwickle. Leider sei ebenfalls zu erwarten, dass sich die intrinsische Lernmotivation ungünstig entwickelt, weil Lernhandlungen, die nicht zu erwünschten Ergebnissen führen, auch »nicht mit positiven Erlebenszuständen einhergehen« (ebd., 122). Um es in einfacheren Worten auszudrücken: Die Kinder erzielen keine Erfolge, bekommen kein Lob und haben auch keinen Spaß dabei. Die

2.4 Was wir beobachten können – Erscheinungsformen

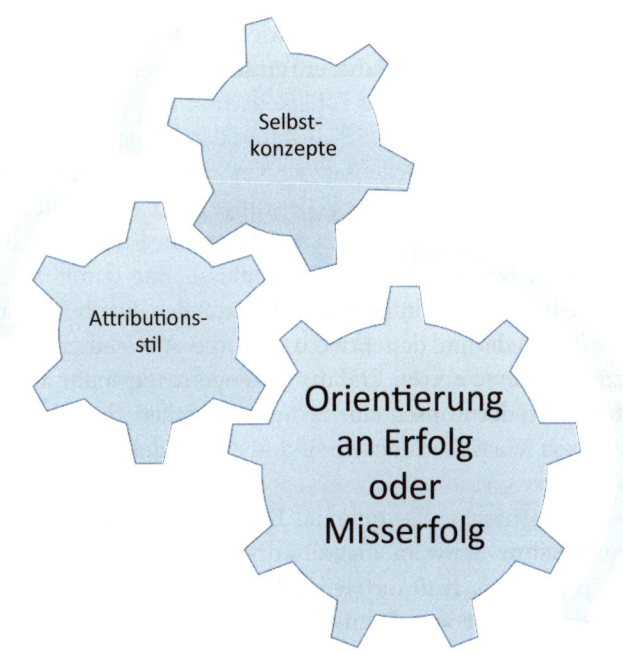

Abb. 5: Komponenten des Leistungsmotivsystems (nach Gold 2011, 40)

Motivation sinkt in den Keller. Im Zuge dessen entwickelt sich das Motivationssystem in Richtung einer *Misserfolgsängstlichkeit* anstatt der viel günstigeren *Erfolgsorientierung*, die von Hoffnung auf Erfolg getragen ist. Misserfolgsängstliche Schülerinnen und Schüler haben sich meist ein entsprechendes Attribuierungsmuster bzw. eine Kausalattribuierung zu Eigen gemacht: Haben sie eine Aufgabe erfolgreich bewältigt, erklären sie sich das mit Zufall, Glück oder der Leichtigkeit der Aufgabe – also external, außerhalb ihrer Beeinflussungsmöglichkeit liegend. Sind sie an einer Aufgabe gescheitert, erklären sie sich das internal, also mit ihren eigenen, mangelhaften Fähigkeiten. Infolge eines solchen ungünstigen Attribuierungsmusters entwickelt sich ein ungünstiges *Selbstkonzept eigener Fähigkeiten*. Damit gemeint sind

»generalisierte Vorstellungen darüber, was man in einem bestimmten Inhaltsbereich leisten kann bzw. für ›wie begabt‹ man sich im Hinblick auf bestimmte Inhaltsbereiche oder Fertigkeiten hält – also letztendlich nichts Anderes als subjektive Fähigkeitseinschätzungen« (ebd., 123).

Hasselhorn und Gold (2013, 187) weisen darauf hin, dass Kinder mit Lernbehinderungen im Gegensatz zu Kindern mit schweren geistigen Behinderungen ihre schwachen Leistungen im Vergleich zu ihren Mitschülern durchaus wahrnehmen; daher ist ihr Fähigkeitsselbstkonzept natürlich besonders negativ beeinflusst. Eng damit zusammen hängen die bereits genannten selbst abwertenden Attribuierungsmuster, welche wiederum den Erwerb und die Anwendung sinnvoller Lernstrategien erschweren. Daraus folgende mangelhafte Lernergebnisse führen in der Konsequenz zu Wissenslücken, die für zukünftige Lernprozesse Vorwissenslücken sind – ein Teufelskreis setzt sich in Gang.

Zu Erkenntnissen, die quer zu den bisher berichteten stehen, kommt Susanne Schwabs eigene Forschung (2014), die in einem Beitrag in der Zeitschrift für Heilpädagogik über ihre Untersuchung zum Selbstkonzept von Schülern mit und ohne SFB im Bereich Lernen berichtet. Schwab kam zu dem Ergebnis, dass sich zumindest die in eine Regelschule integrierten Kinder und Jugendlichen mit sonderpädagogischem Förderbedarf sowohl in ihrem Selbstkonzept über die Peerakzeptanz als auch über ihre Leistungen *über*schätzten, also eine »positiv verzerrte Sichtweise über ihre eigenen kognitiven Kompetenzen« aufweisen (Schwab 2014, 120). In diese Richtung müsste weitergeforscht werden; außerdem sind Ergebnisse aus anderen Ländern nur mit Einschränkungen auf Deutschland zu übertragen, auch wenn es sich um unser Nachbarland Österreich handelt (was allerdings noch deutlicher auf die psychologischen Ergebnisse zutrifft, die sehr oft aus dem angloamerikanischen Raum stammen).

2.4 Was wir beobachten können – Erscheinungsformen

Aufmerksamkeit, Arbeitsgedächtnis, ADHS

Aufmerksamkeit

Stephan Ellinger (2010a, 233) beschreibt Aufmerksamkeit als einen Zustand, »der eine gesteigerte Wachheit darstellt, aber in Abgrenzung zur Konzentration weniger selektiv« ist. Konzentration hingegen zeigt sich im gezielten Fokussieren auf einen Aufmerksamkeitsgegenstand. Um sich gezielt auf einen schulischen Lerngegenstand konzentrieren zu können, muss das Kind natürlich überhaupt die Fähigkeit besitzen, relevante von irrelevanten Reizen zu unterscheiden. Erst dann kann es überhaupt fokussieren, also die Aufmerksamkeit auf die »als relevant erkannten Reize« (Gold 2011, 112 f.) richten. Für die Aufmerksamkeit, die das schulische Lernen fördert, sind vor allem diese zwei eben genannten Teilprozesse wesentlich – die Diskrimination (Wesentliches vom Unwesentlichen unterscheiden) und die Fokussierung. Natürlich hängen beide Prozesse eng zusammen. Idealerweise ignoriert man die irrelevanten Reize und richtet seine volle Aufmerksamkeit auf den Lerngegenstand. Erneut spielt das Vorwissen eine wichtige Rolle: Wer sich in einem Thema bereits auskennt, kann leichter unterscheiden, was wichtig und was unwichtig ist und somit die Aufmerksamkeit viel effektiver steuern. Eine weitere wichtige Rolle spielt die Kapazität des Arbeitsgedächtnisses. Je geringer diese ist, desto höher die Neigung zur Ablenkbarkeit (ebd., 113). Zu den wichtigen Teilprozessen der Diskrimination und der Fokussierung fügt Ellinger noch die Teilung der Aufmerksamkeit und die Daueraufmerksamkeit hinzu. Teilung der Aufmerksamkeit meint, dass ein Schüler im Gegensatz zu einem Kleinkind vermag, seine Aufmerksamkeit mehr oder weniger auf zwei Geschehnisse gleichzeitig zu richten (Ellinger 2014, 202) – das ist z. B. einerseits das Unterrichtsgeschehen und andererseits etwas, das sich außerhalb des Fensters abspielt oder in der Bank hinter ihm. Von Daueraufmerksamkeit spricht man, wenn ein Schüler auch bei einer lang anhaltenden Tätigkeit seine Aufmerksamkeit aufrechterhalten kann – auch das müssen Schulkinder erst lernen. Leider zeigen nach Grünke und Grosche (2014, 77) lernbehinderte Schülerinnen und Schüler häufig zu geringe Konzentration und lassen sich leicht ablenken. Nun ist es aber so, dass nur solche Informationen in das Kurzzeitgedächtnis gelangen können, die mit Aufmerksamkeit bedacht werden (Hasselhorn/Gold 2013, 71). Nur Informationen, die ins Kurzzeitgedächtnis gelangen, haben überhaupt eine Chance, dauerhaft gelernt zu werden. Dieses Kurzzeitgedächtnis wird wegen seiner zentralen Bedeutung für komplexe Lernprozesse häufig auch als Arbeitsgedächtnis bezeichnet (ebd.). Um diese für das Lernen so wesentliche Einheit geht es im nächsten Abschnitt.

Arbeitsgedächtnis

Das Auftreten von Lernschwierigkeiten hängt eng mit der Funktionsweise des Arbeitsgedächtnisses zusammen. Weit verbreitet und akzeptiert ist das Arbeitsgedächtnismodell von Alan D. Baddeley (Baddeley et al. 2009, 58), das Hasselhorn und Gold (2013) mit entsprechenden deutschsprachigen Begriffen übernommen und gut verständlich beschrieben haben; die Originalabbildung haben sie dabei recht genau beibehalten.

Die Autoren beschreiben das Arbeitsgedächtnis in Anlehnung an Baddeley als »komplexes Systemgefüge, in welchem einer Leitzentrale (*zentrale Exekutive*) spezifische Hilfssysteme für die separate Verarbeitung visuell-räumlicher bzw. sprachlich-akustischer Informationen untergeordnet sind« (ebd.). Zwischen diesen beiden Hilfssystemen, der zentralen Exekutive und dem Langzeitgedächtnis nimmt Baddeley einen Verbindungsmechanismus an, den er *episodischen Puffer* genannt hat (▶ Abb. 6). Dieses Modell eröffnet mehrere Punkte, an denen eine vergleichende Betrachtung von Kindern mit und ohne Lernschwierigkeiten ansetzen kann; diese sind vor allem Prozesse der *zentralen Exekutive*, die sprachbasierte *phonologische Schleife* und der *visuell-räumliche Notizblock* (Gold 2011, 117). Bei den Prozessen der *zentralen Exekutive* bestehen die wesentlichen Auffälligkeiten darin, dass die Kinder bei anspruchsvollen Gedächtnisaufgaben, bei denen zwei verschiedene Aufgaben gleichzeitig erfüllt werden müssen, irrelevante Informationen besonders schlecht ausblenden können. Um das Beispiel von oben aus dem Abschnitt

2.4 Was wir beobachten können – Erscheinungsformen

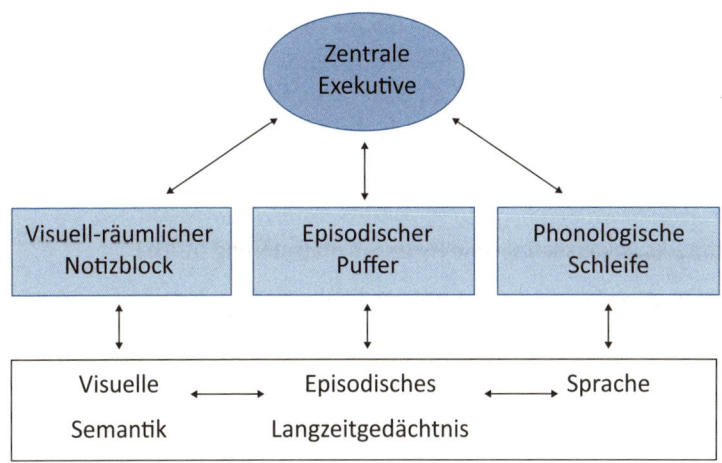

Abb. 6: Das Arbeitsgedächtnismodell nach Baddeley (Hasselhorn/Gold 2013, 75)

über das Arbeitsgedächtnis wieder aufzugreifen: Dem Schüler gelingt es eben nicht, zu unterdrücken, dass sich fast seine gesamte Aufmerksamkeit auf das Geschehen hinter der Fensterscheibe oder in der Nachbarbank ausrichtet. Zur *phonologischen Schleife*: Hier misslingt den Kindern mit Defiziten vor allem »die korrekte serielle Verarbeitung von Buchstaben und Zahlen« (ebd., 118). Für den *visuellräumlichen Notizblock* nimmt Gold hingegen aufgrund gesichteter Untersuchungen an, dass es keinen engen Zusammenhang zu Lernstörungen gibt. Am engsten ist der statistische Zusammenhang zwischen der *phonologischen Schleife* und Lernstörungen. Ihre Beeinträchtigung gilt als die wahrscheinlichste Ursache für die Ausbildung von Lernstörungen (ebd., 120). »Noch nicht vollständig geklärt« – so Hasselhorn und Gold (2013, 188) sei zwar insgesamt die Rolle des Arbeitsgedächtnisses für die Entstehung von Lernbeeinträchtigungen, es gebe allerdings gehäuft Befunde dafür, dass die zentralexekutiven Funktionen und die Funktionen der phonologischen Schleife besonders häufig bei Kindern mit Lernbehinderungen beeinträchtigt seien. Der Begriff der exekutiven Funktionen wird nicht ganz einheitlich verwendet. Die Aufgabe ist vergleichbar mit der der Metakognition, wenngleich die Konzepte nicht ganz identisch sind. Für die Beschreibung der zu beobachtenden Verhaltensweisen von Kindern und Jugendlichen mit Lernbeeinträchtigungen soll dies allerdings genügen.

Aufmerksamkeitsdefizit- und Hyperaktivitätsstörung (ADHS)

ADHS, das oben unter Kapitel 2.2.3 bereits vorgestellt wurde, soll hier mit seinem wesentlichen Merkmal, der Aufmerksamkeitsproblematik, noch einmal ausführlicher besprochen werden. Dabei sollen Ursachenforschung, Diagnostik und Therapie weitgehend ausgespart werden, da es ja darum geht, *was wir beobachten können*. Wer sich vertieft in das Thema einlesen möchte, findet in den angegebenen Belegen aktuelle und empfehlenswerte Quellen dafür. Es muss uns hier auch nicht bekümmern, dass ADHS bzw. Hyperaktivität auch in sonderpädagogischen Kreisen oft als »Modediagnose« abgetan wird, z. B. von Rolf Werning und Birgit Lütje-Klose (2016, 246), und dass sich Wissenschaftler immer noch rechtfertigen müssen, dass es sich um eine Störung, keinen »Schwindel« handelt (Ellinger 2010d, 583). Es soll uns hier ausschließlich um ein gezeigtes Verhalten gehen. Mit Gold ist ADHS zwar per se keine Lernstörung, sie wird aber »zu Recht häufig im Zusammenhang mit Lernschwierigkeiten behandelt« (Gold 2011, 114). Das Problem der Aufmerksamkeitskontrolle ist dabei das Kernthema der betroffenen Kinder, ob mit oder ohne Hyperaktivität, auch wenn diese in der Klassensituation besonders auffällig und störend ist und meist schneller entdeckt wird. Bekanntermaßen werden beim ADHS nach dem DSM V drei Subtypen unterschieden, die anhand der Kernsymptome Unaufmerksamkeit, Hyperaktivität und Impulsivität unterteilt werden. Beim vorwiegend unaufmerksamen Erscheinungsbild (»*Träumer*«) berichten Eltern und Lehrer davon, dass die Kinder mit ihren Gedanken »ganz woanders zu sein scheinen« (Gawrilow 2016, 24). Dadurch entgehen ihnen leider wichtige Informationen und sie sind insgesamt deutlich langsamer als andere Schulkinder. Zweitens wird nach dem DSM V das vorwiegend *hyperaktiv-impulsive* Erscheinungsbild unterschieden. *Impulsive* Schülerinnen und Schüler zeigen ein »vorschnelles und unbedachtes Verhalten« (Lauth 2014, 22). *Hyperaktivität* meint nicht nur die motorische Unruhe, sondern auch einen übermäßigen Rededrang. Das dritte Erscheinungsbild zeichnet Kinder und Jugendliche aus, bei denen zur Unaufmerksamkeit noch motorische Hyperaktivität und Impulsivität hinzukommt (Gawrilow 2016, 26), ein *Mischtyp* also.

Kinder mit Aufmerksamkeitsstörungen haben oft noch weitere Probleme (sogenannte *Komorbide Störungen*): Die Tübinger Lehrstuhlinhaberin für Schulpsychologie, Caterina Gawrilow, nennt mit Verweis auf zahlreiche Studien folgende Problemkreise, die allgemein nach *externalisierenden* und *internalisierenden Störungen* unterschieden werden. Unter *externalisierenden Störungen* wird aggressives oder dissoziales Verhalten verstanden; oft verhalten sich die Schülerinnen und Schüler oppositionell gegenüber ihren Eltern und Lehrern. Die Gleichaltrigen untereinander ärgern sich ebenfalls »gerne« (Gawrilow 2016, 32) und lassen sich »leicht durch andere ärgern« (ebd.). *Internalisierende Störungen* können Depressionen oder Angststörungen sein. Häufig zeigen Kinder und Jugendliche mit ADHS auch Lern- und Leistungsstörungen wie Legasthenie und Dyskalkulie.

Wenn wir uns ganz konkrete Unterrichtssituationen vorstellen, haben aufmerksamkeitsgestörte Kinder typische Probleme, die im Folgenden mithilfe der Veröffentlichungen von Ellinger (2010a; ders. 2010d), Lauth (2014) und Schramm (2016) zusammengestellt wurden (▶ Kasten 2, 3, und 4):

Aufmerksamkeitsgestörte Kinder

- brechen häufig Aufgaben vorzeitig ab und wechseln oft die Aktivitäten
- führen Aufgaben unsauber aus und begehen viele Flüchtigkeitsfehler

- vergessen Aufträge und Vorhaben, kaum, dass sie erteilt oder gefasst wurden
- vergessen Gelesenes und Gehörtes schnell
- können besonders in Stresssituationen Gedächtnisinhalte nicht abrufen
- scheinen manchmal demonstrativ abzuschalten
- können ihre Konzentration auch unter Drohungen und Versprechen von Belohnungen nicht aufrechterhalten
- haben Probleme beim Beachten von Details einer Aufgabe
- verlieren schnell ihr Ziel aus den Augen
- schaffen es kaum, übertragene Aufgaben planvoll zu bewältigen
- brechen häufig Aufgaben vorzeitig ab und wechseln oft die Aktivitäten

Kasten 2: Typische Kernsymptome von Kindern mit ADHS: Aufmerksamkeit

Impulsive Kinder

- platzen mit der Antwort heraus, bevor die Frage zu Ende gestellt wurde
- beginnen mit der Arbeit, bevor sie sich die Aufgabenstellung ausreichend angesehen haben
- verstoßen oft gegen Regeln
- unterbrechen andere, weil sie nicht abwarten können

Kasten 3: Typische Kernsymptome von Kindern mit ADHS: Impulsivität

Hyperaktive Kinder

- sind motorisch unruhig
- können sich selten ruhig beschäftigen
- reden übermäßig viel
- laufen in der Klasse umher

2.4 Was wir beobachten können – Erscheinungsformen

- erzeugen ständig Geräusche
- verursachen häufig Missgeschicke (Scherben, Beschädigungen)

Kasten 4: Typische Kernsymptome von Kindern mit ADHS: Hyperaktivität

All diese Kernsymtome sind nur mögliche Verhaltensweisen und treten keinesfalls immer bei jedem Schüler auf. Gawrilow beklagt, dass die bisherige Forschung und Literatur zu ADHS sich viel zu sehr auf scheinbar feststehende Persönlichkeitsmerkmale konzentriert habe; dabei weisen neuere Untersuchungen von 2016 darauf hin, dass Symptome, die Jugendliche selbst berichteten, »von Tag zu Tag« schwankten (Gawrilow 2016, 22). Darüber hinaus ist es wichtig, auch einen Blick auf die andere Seite der »Verhaltensmedaille« zu werfen. Interessant ist hierzu eine Auflistung von Stärken der Kinder mit ADHS auf der Basis einer eigenen Befragung von Gawrilow (2016, 23): Es wurden gehäuft ein ausgeprägter Gerechtigkeitssinn, Kreativität und Harmoniebedürfnis verbunden mit »Nicht-nachtragend-Sein« (ebd.) genannt. Auch Mariella Matthäus und Andreas Stein (2016) sowie Stephan Ellinger (2010a) listen mögliche positive Seiten dieser Kinder und Jugendlichen auf:

Aufmerksamkeitsgestörte Kinder

- haben oft eine schnelle Auffassungsgabe
- sind sehr leistungsfähig, wenn sie motiviert und interessiert an einer Aufgabe sind
- haben viele Einfälle und
- finden dadurch auch unkonventionelle Lösungen
- sind neugierig
- können loyale Freunde sein
- zeigen oft einen ausgeprägten Gerechtigkeitssinn und spontane Hilfsbereitschaft

Kasten 5: Typische Symptome von Kindern mit ADHS: Stärken

Metakognition und Lernstrategien

Metakognition

In ihrem Standardwerk von 1997 hielten Klauer und Lauth schon vor knapp 20 Jahren fest, dass sich leistungsschwache Kinder nicht so sehr durch Fähigkeitsdefizite, sondern eher »durch die Art auszeichnen, wie sie Lernvorgänge bewältigen« (Klauer/Lauth 1997, 707). So nutzen sie seltener Lernstrategien (dazu der nächste Absatz) und Maßnahmen zur Organisation. Damit ist eine sinnvolle Zeiteinteilung und Vorausplanung der Vorgehensweise gemeint, wobei auch schwierige Handlungsschritte mitberücksichtigt werden. Es fehlt oft eine begleitende Handlungskontrolle, mit deren Hilfe der eigene Lernprozess gesteuert und überwacht werden kann. Auch die Regulierung der Emotionalität spielt dabei eine wichtige Rolle. Diese Behauptungen stützen Klauer und Lauth auf die Beobachtung, dass die Schülerinnen und Schüler sich selbst gegenüber weniger Rechenschaft über erreichte Lernwege und Lernziele ablegen. Auch die Autoren Hasselhorn und Gold (2013, 187) sehen die Schwierigkeiten der Kinder mit Lernstörungen – vom Arbeitsgedächtnis abgesehen – vor allem in den Lernstrategien und ihrer metakognitiven Regulation sowie bei der Handlungskontrolle. Ganz ähnlich beschreiben Matthias Grünke und Michael Grosche die Arbeitsweise lernbehinderter Schülerinnen und Schüler in der Kategorie *Mangelnde metakognitive Handlungssteuerung*: Lösungswege werden nur lückenhaft und oberflächlich geplant; die Schülerinnen und Schüler seien »kaum dazu in der Lage, ihren eigenen Wissenserwerb zu beobachten, ihre Lernfortschritte zu kontrollieren und ihren Lernweg zu modifizieren« (Grünke/Grosche 2014, 77). In der konkreten schulischen Situation und in Alltagssprache übersetzt heißt das, dass diese Schülerinnen und Schüler zu wenig darüber nachdenken, »um welche Art von Problemen es sich im konkreten Fall handeln könnte und wie man eine Lösung dafür am besten erreichen würde« (ebd.). Metakognition hängt mit den Lernstrategien eng zusammen, denn Metakognition plant, überwacht und reguliert das eigene Lernen (Gold 2011, 120). Hechler (2013a) gibt zu bedenken, »dass das menschliche Lernen mehr ist als nur kognitiv zu Wege gebrachte Aneignung

2.4 Was wir beobachten können – Erscheinungsformen

von Kompetenzen« (ebd., 319). Dabei räumt er ein, dass der Fokus auf Kognition und Metakognition nicht völlig abzulehnen sei, hält es aber für wichtig darauf zu achten, dass essentielle Dimensionen des Lernens wie eine für das Kind erkennbare Sinnhaftigkeit nicht vernachlässigt werden. Solange das Wissen um metakognitive Zusammenhänge nicht isoliert als Technik genutzt, sondern – das ist selbstverständlich – in einen pädagogischen Alltag eingebettet wird, stehen die Einwände Hechlers meines Erachtens nicht im Widerspruch zu den oben referierten Erkenntnissen und Überzeugungen. Den pädagogischen Blickwinkel zu bewahren – dies ist eine Aufgabe, die sich ohnehin im Unterricht täglich neu stellt.

Lernstrategien

Andreas Gold definiert Lernstrategien als »Pläne zielgerichteter Lernhandlungen sowie kognitive Aktivitäten bzw. konkrete Vorgehensweisen, um diese Pläne umzusetzen« (Gold 2011, 120). Gedächtnisstrategien wiederum sind Lernstrategien, »die für das Behalten und spätere Erinnern von Informationen nützlich sind« (ebd.). Die wichtigsten Gedächtnisstrategien lassen sich in drei Gruppen einordnen – in Wiederholungsstrategien, in verdichtende, organisierende Strategien und drittens in elaborative, verknüpfende Strategien.

Nun ist es nicht so, dass unsere Schülerinnen und Schüler keine Lernstrategien verwenden. Aber sie verwenden sie nicht richtig oder wenden die falschen Strategien an. Dies betonten schon Klauer und Lauth in ihrem viel zitierten Werk von 1997. Demnach setzen Kinder mit Auffälligkeiten im Lernen Strategien nicht spontan und selbstständig ein, sondern erst, wenn sie dazu aufgefordert werden. Auch zeigen sie während der Bearbeitung einer Aufgabe eine geringere Bereitschaft, Strategien zu entwickeln oder bei auftauchenden Schwierigkeiten auf Strategien zurückzugreifen. Aufgrund der Probleme in der Metakognition erkennen und verändern sie diese Situation leider nicht. Zum einen also wenden sie Strategien entweder gar nicht an oder sie verwenden ungünstige: Klauer und Lauth (1997, 709) bezeichnen sie daher als »zwar aktiv, aber ineffektiv Lernende«.

Auch Hasselhorn und Gold (2013, 187) betonen, dass sich Kinder mit Lernbehinderungen nicht generell passiv im Hinblick auf Lernstrategien verhalten, aber vermehrt ineffektive Strategien verwenden. Gold (2011, 120) ist der Auffassung, dass das Lernverhalten von Kindern mit Lernschwierigkeiten demjenigen jüngerer Kinder gleicht. Sozial benachteiligte Kinder befinden sich bezüglich der Lernstrategien in einer fatalen Situation: Strategisches Lernen fördert den Wissenserwerb, aber ungünstiger Weise ist Vorwissen gleichzeitig Voraussetzung für den Gebrauch von Lernstrategien. Gold (2011, 121) nennt hier ein Beispiel zum Textverstehen, für das Lernstrategien sehr wichtig sind:

> »Wichtiges zusammenfassen und Wichtiges unterstreichen – also zwei organisierende Lesestrategien, die einen Textinhalt auf seine wesentlichen Aussagen reduzieren sollen – kann nur derjenige, der in seinen Wissensbeständen bereits über textinhaltsbezogene Konzepte verfügt, die es ihm ermöglichen, Wichtiges von weniger Wichtigem zu unterscheiden«.

Legasthenie

Es gibt ganze Bibliotheken zum Thema Legasthenie. Anknüpfend an die Überschrift über dieses gesamte Kapitel – *Was wir beobachten können* – ist zu betonen, dass hier, wie zu ADHS, nur ein kurzer Überblick über den aktuellen Stand der Forschung gegeben werden soll. Ursachenforschung, Diagnostik und Therapie werden weitgehend ausgespart und sind in den angegebenen Quellen zu finden. Ob es Legasthenie im Sinne einer Störung überhaupt gibt, ist seit Jahrzehnten vor allem in der sonderpädagogischen Diskussion umstritten. Legasthenie als Diagnose für eine bestimmte Gruppe von Kindern, die bei mindestens durchschnittlicher Intelligenz bestimmte Probleme im Lesen und/oder Rechtschreiben zeigen, habe sich – so beispielsweise die Überzeugung von Renate Valtin und Ada Sasse – als »nicht praktikabel erwiesen« (Valtin/Sasse 2014, 59). Damit setzen sie sich vom sogenannten *Diskrepanzkriterium* ab, das Maria Linder Anfang der 1950er Jahre geprägt hatte (Linder 1975, 13). Als Begrün-

2.4 Was wir beobachten können – Erscheinungsformen

dung nennen sie vor allem differentialdiagnostische Probleme – die Autorinnen sprechen daher von *Lese-Rechtschreib-Schwierigkeiten*. Auch Rolf Werning und Birgit Lütje-Klose lehnen das Legastheniekonzept ab. Es stehe »für eine bestimmte theoretische Position in der Lese-Rechtschreib-Forschung, die Lese-Rechtschreib-Schwäche als angeborenen oder durch frühkindliche Hirnschädigung erworbenen Defekt bei ansonsten normaler Intelligenz interpretiert« (Werning/ Lütje-Klose 2016, 247). In der psychologischen Literatur wird das Intelligenzkriterium ebenfalls seit Langem in seiner Bedeutung zurückgedrängt und die schwache Leistung in den Vordergrund gehoben (Gasteiger-Klicpera/Klicpera 2014, 57). In den im Herbst 2016 neu veröffentlichten Legasthenieleitlinien (Schulte-Körne/ Galuschka 2016, 24) wird das Heranziehen des Intelligenz- bzw. des Diskrepanzkriteriums immer noch empfohlen. Welchen Namen man der Problematik auch immer geben mag – obwohl die Lese-Rechtschreibschwierigkeiten bzw. die Legasthenie bekannt und sehr gut erforscht sind, werden sie immer noch häufig spät erkannt, z. B. oft erst im dritten Schulbesuchsjahr. Dabei beginnen die Probleme meist schon beim Erlernen der Basisfähigkeiten; Hasselhorn und Gold (2013, 190) nennen hier – bezogen auf den Schriftspracherwerbsprozess – das Erkennen erster Laut-Buchstabenzuordnungen. (Weiter unten in diesem Abschnitt wird auf noch frühere Schwierigkeiten eingegangen werden.) Später erst zeigt sich dann das sehr langsame und fehlerhafte Lesen und Schreiben. Mittlerweile gilt es als gesichert, dass es weniger visuelle, sondern eher lautsprachliche Verwechslungen sind, die den Lese- und Schreibschwierigkeiten zugrunde liegen.

Die drei wesentlichen Faktoren dieser so zentralen *phonologischen Informationsverarbeitung* sind (ebd., 192):

- Phonologische Bewusstheit
- Phonetisches Rekodieren im Arbeitsgedächtnis
- Abruf »phonologischer Codes« aus dem Langzeitgedächtnis

Phonologische Bewusstheit meint dabei »die Sensitivität für die Lautstruktur einer Sprache und den routinierten Zugriff auf die Klänge bzw. Phoneme der gesprochenen Sprache« (ebd.). Dazu gehört zum einen die Fähigkeit zur Lautanalyse und Lautsynthese; damit ist das Heraushören einzelner Laute aus einem Wort bzw. das gedankliche Zusammenziehen von Lauten gemeint. Zum anderen gehören zur phonologischen Bewusstheit das Reimen und das silbenhafte Segmentieren, also das Zerlegen von ganzen Wörtern oder Sätzen in Silben.

Phonetisches Rekodieren im Arbeitsgedächtnis steht für die Fähigkeit, »Laut- und Klanginformationen unter den restriktiven kapazitativen Rahmenbedingungen der phonologischen Schleife eine Zeitlang bereitzuhalten und zu transformieren« (ebd.). Diese Fähigkeit, bei der das phonologische Arbeitsgedächtnis eine große Rolle spielt, ist für das Wort- und Satzverständnis besonders wichtig.

Das *Abrufen phonologischer Codes aus dem Langzeitgedächtnis* meint einen »raschen Zugriff auf die Aussprache und die Betonung von Buchstaben, Zahlen und Wörtern«; diese müssen aber »in der Wissensbasis einer Person bereits repräsentiert« (ebd.) sein – wiederum spielt das Vorwissen eine große Rolle und somit sind wiederum sozial benachteiligte Kinder auf einer ungünstigen Startposition.

Im Gegensatz zu Hasselhorn und Gold sehen Valtin und Sasse weniger den qualitativen Aspekt der Störung, sondern eher den zeitlichen. Für sie stellen *Lese-Rechtschreib-Schwierigkeiten* ein »Zurückbleiben auf einer frühen Entwicklungsstufe des Schriftspracherwerbs« dar (Valtin/Sasse 2014, 60), verbunden mit unzureichender Strategieverwendung. Lehrkräfte, die Kinder und Jugendliche mit Problemen im Lesen und Rechtschreiben betreuen und unterrichten, beobachten folgende Auffälligkeiten, die aber selbstverständlich nie alle gleichzeitig auftreten. Die Reihenfolge orientiert sich an den Entwicklungsstufen bzw. -phasen des Schriftspracherwerbs (vgl. z. B. Einhellinger 2013, 280 ff.). Die Einordnung in die Phasen des Schriftspracherwerbs (▶ Kasten 6 und 7) erfolgte durch die Autorin – in den mit verwendeten Quellen (Mayer 2016, 49 f.; Ullmann 2013b, 240 f.; Valtin/Sasse 2014, 60) lag teilweise eine andere Systematik zugrunde, z. B. nach Lesen und Schreiben.

Kinder mit Problemen im Lesen und Schreiben

- zeigen schon vor der Einschulung bzw. in der Übergangsphase in die Schule (Als-ob-Phase und Logographische Phase)
  - Sprachentwicklungsverzögerungen und Aussprachprobleme
  - Schwierigkeiten, Objekt- und Farbbezeichnungen zu behalten
  - Probleme in der Raumentwicklung
  - wenig Interesse für ihren eigenen Namen und für Symbole allgemein
  - Probleme mit Reimwörtern
- zeigen in der Alphabetischen Phase Schwierigkeiten,
  - Grapheme korrekt zu benennen sowie
  - Phoneme zu verschriftlichen
  - erste kleine Wörter und Sätze flüssig und richtig wiederzugeben oder zu verschriftlichen
- fallen in der Orthographischen Phase auf durch
  - langsames und zögerndes Lesen
  - immer noch lautgetreues Schreiben, ohne die ersten Rechtschreibkonventionen zu beachten
  - viele Fehler beim Abschreiben und bei Diktaten: vor allem in der Groß- und Kleinschreibung sowie Dehnungsfehler

Kasten 6: Typische Probleme von Kindern im Lesen und Rechtschreiben – nach Stufen des Schriftspracherwerbs

Die *Phase der Automatisierung* erreichen Kinder und Jugendliche mit Problemen im Lesen und Rechtschreiben eher sehr spät oder gar nicht, da sich diese Phase ja dadurch auszeichnet, dass die Schriftsprache »automatisiert« abläuft, sodass das Arbeitsgedächtnis frei wird, um auf die Sinnentnahme beim Lesen und auf das flüssige Schreiben und den Satzbau fokussieren zu können: »Jedes Schreiben ist immer zugleich auch Rechtschreiben« (Sommer-Stumpenhorst 2016, 211). In diesem Sinne ist ein freies Schreiben, das sich auf den Satzbau und den Inhalt des Geschriebenen konzentrieren kann, erst dann möglich, wenn die Rechtschreibung sicher und automatisiert abläuft. Beim Vorlesen fallen die Schüler dadurch auf, dass sie nicht betont oder ausdrucksstark vortragen können, da sie zu sehr mit der Lesetechnik befasst sind. Insgesamt zeigen sie, wenn ihre Mitschüler die Phase der Automatisierung erreicht haben, viele Problembereiche und Unsicherheiten, die in dem folgenden Kasten 7 mitaufgenommen sind.

Kinder mit Problemen im Lesen und Schreiben zeigen, wenn ihre Mitschüler die Phase der Automatisierung erreicht haben

- immer noch buchstabenweises Erlesen
- geringe Leseflüssigkeit
- kaum Anwendung von Lesestrategien
- Probleme mit dem sinnentnehmenden Lesen
- beim lauten Vorlesen nur eine mangelnde Prosodie (z. B. Intonation und Sprechpausen), können also nicht betont und ausdrucksstark vortragen, da sie zu sehr von der Lesetechnik in Anspruch genommen sind
- viele Fehler beim Schreiben, auch Interpunktions- und Grammatikfehler
- eine unleserliche Handschrift

Kasten 7: Typische Probleme von Kindern im Lesen und Rechtschreiben – Phase der Automatisierung

Die Probleme im Schriftspracherwerb ziehen Folgeprobleme nach sich. So wird die Sprachentwicklung, die ja zu Schulbeginn noch lange nicht abgeschlossen ist, beeinträchtigt. Der Sprachheilpädagoge Andreas Mayer (2016, 51) stellt z. B. einen Zusammenhang her zwischen dem Wachsen des Wortschatzes im Schulalter und dem Lesen von Sachtexten und Kinderbüchern. Auch das Ausbilden einer elaborierten Sprachverwendung sei zum Teil auf Lesen zurückzuführen. Des Weiteren wird die soziale und personale Entwicklung gefährdet:

2.4 Was wir beobachten können – Erscheinungsformen

»Das Beherrschen komplexer syntaktischer Strukturen ermöglicht es, die eigenen Gedanken sprachlich zu ordnen und die eigenen Emotionen, Phantasien und Ideen sprachlich exakt wiederzugeben« (ebd.). Es ist unmittelbar einleuchtend, dass ein Kind oder Jugendlicher, dem diese Mittel nur eingeschränkt zur Verfügung stehen, Probleme im Umgang mit den Mitmenschen generell, vor allem aber auch in der Peergroup hat. Ein für unseren Förderschwerpunkt wesentlicher Zusammenhang besteht zur Lernentwicklung, da schulisches Lernen ja größtenteils sprachlich bzw. schriftsprachlich vermittelt wird.

Dyskalkulie

Zu Rechenschwäche bzw. Dyskalkulie gibt es deutlich weniger Veröffentlichungen als zur Legasthenie. Bis in die 1990er Jahre ging man davon aus, dass schwache Mathematikleistungen stets mit Intelligenzminderungen einhergehen; isolierte Rechenstörungen analog der Legasthenie wurden bis dahin von einigen Wissenschaftlern für nicht existent angesehen (Hasselhorn/Gold 2013, 195). Die Erforschung begann allerdings bereits in den 1970er Jahren. Bis heute lassen sich keine eindeutigen, typischen »Dyskalkuliefehler« bei einem Kind ausmachen, die es einem leichter machen würden, diese Störung zu erkennen (Schipperges 2016, 34). Hasselhorn und Gold (2013, 197) bringen es lakonisch auf den Punkt: »Offenkundig produzieren rechenschwache Kinder nicht besondere, sondern nur besonders viele Fehler«. Auch Ullmann (2013b, 251) hält fest, dass man Kinder mit Dyskalkulie nicht an bestimmten Fehlern erkennen könne, sondern daran, wie häufig, vielfältig und andauernd ihre Probleme sind. Trotz dieser Einschränkung sollen im Folgenden, ähnlich der Übersicht zu den *Lese-Rechtschreibschwierigkeiten/Legasthenie* die Schwierigkeiten der Kinder beschrieben werden. Die Einteilung erfolgt hier ebenfalls nach Phasen, wie im Schriftspracherwerb. Ein häufig rezipiertes Modell ist das von Annemarie Fritz, Gabi Ricken und Maria Gerlach, das im Diagnose- und Trainingsprogramm *Kalkulie* (Fritz et al. 2007) zugrunde gelegt wurde. Ricken selbst bezieht sich in einem Handbuchartikel zur Dyskalkulie (Ricken 2014, 71) auf das Nachfolgeinstrument *MARKO* (Ricken et al. 2012), das wie *Kalkulie* fünf Stufen unterscheidet. In Anlehnung an Ricken (2014, 70 ff.) sowie Ricken et al. (2012, 9 ff.) sollen die Probleme, die auf einer Stufe auftauchen können, vorgestellt werden. Diesem Modell folgend, stellt Dyskalkulie ein »Entwicklungsproblem auf einem unteren Niveau dar« (Ricken 2014, 71 f.). Rickens Modell beschreibt je Stufe, was gekonnt wird – die nachfolgende Übersicht wendet dieses Modell dahingehend an, dass beschrieben wird, was noch Probleme macht, wenn die in der Stufe zu erreichenden Kompetenzen noch nicht sicher beherrscht werden – die konkreten Beispiele speisen sich aus eigenen unterrichtlichen Erfahrungen oder wurden der Literatur zu Dyskalkulie entnommen, wobei dort nicht immer die gleiche Einordnung vorgenommen wurde (Lambert 2015, 110; Ricken 2014, 71; Schipperges 2016, 32 ff.; Ullmann 2013b, 251 f.). Ullmann z. B. ordnet mögliche Phänomene der Rechenschwierigkeit nach Teilbereichen wie *Mengen- und Größenverständnis, Zählfehler* sowie *Transkodierungsfehlern, fehlendem Verständnis des Stellenwertsystems* und *Rechenfehlern.*

Kinder mit Problemen im Rechnen

- fallen auf dem Niveau I (Zählzahl) dadurch auf, dass sie
  - Unsicherheiten in den Zahlwortfolgen zeigen, sich also verzählen (ein passendes Beispiel für einen Zählfehler auf diesem Niveau wäre, dass die Kinder Zahlen beim Zählen auslassen)
  - die 1:1 Zuordnung von Menge und Zahl noch nicht sicher verstanden haben
- fallen auf dem Niveau II (Ordinaler Zahlenstrahl) dadurch auf, dass sie
  - sich nicht sicher auf einem mentalen Zahlenstrahl bewegen können
  - noch nicht verstanden haben, dass Zahlen, die später kommen, größer sind (dass die Kinder vom Vorwärtszählen ins Rückwärtszählen fallen, könnte hierfür ein Anzeichen sein)
  - Vorgänger und Nachfolger nicht sicher benennen können

2.4 Was wir beobachten können – Erscheinungsformen

- fallen auf dem Niveau III (Kardinalität und Zerlegbarkeit) dadurch auf, dass sie
  - Zahlen noch nicht als abstrakte zusammengesetzte Einheiten begreifen, die eine spezifische Mächtigkeit repräsentieren. Sie haben also noch nicht verstanden, dass 4 deswegen kleiner ist als 5, weil die Menge und damit Zahl 4 weniger Elemente enthält als die Zahl 5 und nicht deswegen, weil sie vorher kommt
  - Mengen hinsichtlich ihrer Mächtigkeit nicht einschätzen können (»Sind zwei Stifte in einem Mäppchen viele oder wenige Stifte?«)
  - Rechenaufgaben als »Zählproblem« auffassen
  - sich oft um eins verrechnen, weil sie abzählen statt rechnen: $8+6=13$ kommt zustande, wenn das Kind bei 8 zu zählen beginnt und 6 weiterzählt
- fallen auf dem Niveau IV (Klasseninklusion/Enthaltensein) dadurch auf, dass sie
  - Mengen nicht in unterschiedliche Teilmengen zerlegen können
- fallen auf dem Niveau V (Relationalität) dadurch auf, dass sie noch nicht
  - verstanden haben, dass die Beziehungen (Relationen) zwischen Nachbarzahlen immer gleich abständig sind: Die Differenz zwischen 1 und 3, aber auch zwischen 101 und 103, beträgt 2
  - die Ziffern von Zahlen willkürlich zusammenrechnen, ohne dass der Stellenwert berücksichtigt wird

Kasten 8: Typische Probleme von Kindern im Erwerb von Rechenkonzepten – gemäß den Erwerbsstufen von Ricken et al. (2012)

2.4.3 Sozial-emotionales Verhalten, Schulabsentismus, Dropout

Dass Störungen im Lernen und im Verhalten sehr eng zusammenhängen, ist ein sonderpädagogischer und psychologischer Allgemeinplatz und ist regelmäßig Thema von Forschung und Lehrwerken. Allerdings muss man unterscheiden, ob ein Kind ein Vermeidungsverhalten wie Herumkaspern oder Herumalbern zeigt, weil es in der aktuellen Situation überfordert ist, oder ob eine tiefer liegende Störung im Sozialverhalten vorliegt. Störungen im Sozialverhalten wie z. B. Ängstlichkeit können Ursache für Lernbeeinträchtigungen sein oder auch die Folge, wenn ein Kind oder Jugendlicher unter der chronischen Überforderungssituation massiv leidet und keine adäquate Hilfe bekommt.

Am Schluss der Ausführungen über unseren Personenkreis steht ein Phänomen, das manchmal auch das Ende einer Schullaufbahn bedeutet: *Schulabsentismus* und *Dropout*. Ganz am Ende der Spirale aus Bedingungen, die der Schüler mitgebracht hat, ungünstigen Faktoren, die er vorgefunden hat, Störungen und Störungsfolgen, aufgrund oft ablehnender Reaktionen von Eltern, Mitschülern und Lehrern und einem immer weiter sich verschlechternden Selbstbild steht das Schulversagen – vielleicht in Form von Dropout, vielleicht aber auch, indem sich der Schüler aufgibt oder indem er rebelliert und stört. *Schulabsentismus* fasst in der wissenschaftlichen Perspektive »das unrechtmäßige Versäumen von Unterricht« zusammen (Ricking 2014, 72). Das Ergebnis ist immer gleich: Der Schüler fehlt. Die Hintergründe dazu sind natürlich komplex. Ricking unterscheidet drei wesentliche Formgruppen: Das *Schuleschwänzen* (man versäumt den Unterricht zugunsten einer angenehmeren, oft außerhäuslichen Aktivität), die *angstinduzierte Schulverweigerung* (diese Schülerinnen und Schüler bleiben meist zuhause, um sich sicher zu fühlen) und das *Zurückhalten* (hier halten die Erziehungsberechtigten ihre Kinder aus den verschiedensten Gründen von der Schule fern) (ebd., 73). Gerade für die Kinder und Jugendlichen, die der Schule fernbleiben, um ängstigenden Situationen aus dem Weg zu gehen, empfiehlt Ellinger (2009, 193 f.) Fördermöglichkeiten, wie sie besonders gut im Rahmen

2.4 Was wir beobachten können – Erscheinungsformen

eines gebundenen Ganztageskonzeptes umgesetzt werden können. Vor allem spricht er sich dafür aus, »die Logik des kindlichen Verhaltens verstehen zu lernen« (ebd.). Nur so können auch die Bewertungsstrukturen des Kindes positiv beeinflusst werden, damit es in Zukunft auf ängstigende Erlebnisse adäquater reagieren kann.

Von *Dropout* spricht man, wenn die Schullaufbahn gänzlich beendet wird – frühzeitig (vor Vollendung der Vollzeitschulpflicht) und ohne Abschluss (Hennemann et al. 2010, 28). Darunter leidet nicht nur die berufliche und damit finanzielle Situation, was unmittelbar einleuchtet, sondern auch die persönliche und soziale. Es ist offenbar keinesfalls zwingend, dass Schülerinnen und Schüler, die die Schule abbrechen, vorher durch Schulabsentismus aufgefallen sein müssen. Diese Jugendlichen sind – so Hennemann et al. – Teil einer heterogenen Gruppe, bei denen eine Vielzahl an Risikofaktoren kumulierten – mit diesem Satz kommen wir auch schon einer Beschreibung unserer Schülerschaft insgesamt recht nahe.

3

Fazit und Ausblick

Im vorliegenden Band sollte es um die Frage gehen, wer die Schülerinnen und Schüler mit Lernbeeinträchtigungen *sind*. Im Laufe der gut 100 Seiten Lektüre konnte ich hoffentlich ein facetten- und perspektivenreiches Bild davon zeichnen, wer diese Personen sein *können*. Diese Aussage ist nicht zu verwechseln mit völliger Beliebigkeit und sie ist auch nicht identisch mit der Vorstellung, dass es immer nur einen individuellen Förderbedarf geben kann. Dabei ist das zweifelsfrei richtig, denn kein Mensch ist genau wie ein zweiter, und daher kann es auch keinen genau gleichen Förderbedarf ein zweites Mal geben. Das Plädoyer dafür, den Einzelfall zu betrachten, zieht sich durch dieses Buch. Und dennoch: Die Beschäftigung damit, wer und wie die Personen aus dem Förderschwerpunkt sein *können*, gibt eine Vorstellung von den *Möglichkeiten*, und diese erweitert das

3 Fazit und Ausblick

Verständnis z. B. für Kinder aus sozial benachteiligten Verhältnissen, für Jugendliche aus Risikofamilien, für Kinder und Jugendliche mit Migrationshintergrund – um nur ein paar Beispiele herauszugreifen. Es besteht aber ein Unterschied zwischen dem Anspruch, den Einzelfall zu sehen und der Schlussfolgerung, daher auf Begriffe völlig zu verzichten. Es gibt zu viele überzeugende Argumente dafür, dass wir Begriffe brauchen – es gilt, eine Balance herzustellen zwischen einer sensiblen Begriffsverwendung und einer um Offenheit bemühten Haltung, aus der heraus man immer wieder das Bild, das einem die Person bietet, mit demjenigen abzugleichen versucht, das man sich gemacht hat.

Mit einer aufsuchenden Elternarbeit beispielsweise kann man den Familien vermitteln, dass man ihr Kind als Individuum in seiner Lebenswelt sieht und nicht nur eine Schublade aufzieht. Dies gilt auch besonders für die Schülerinnen und Schülern mit Migrationshintergrund und innerhalb dieser Gruppe vor allem für den Kontakt mit den Müttern. Stötzner hat schon vor 150 Jahren Lehrern an Hilfsschulen Hausbesuche ans Herz gelegt:

»Ist es schon in der Volksschule wünschenswert, daß Schule und Haus sich die Hände reichen, so ist dies hier dringend notwendig. Es muß Aufgabe des Lehrers sein, recht oft seine Schüler im elterlichen Haus aufzusuchen, um sie auch dort beobachten zu können und mit den Eltern über ihre Erziehung Rücksprache zu nehmen. Er wird da Gelegenheit zu manchem guten Worte finden und mehr in den Stand gesetzt werden, recht individualisieren und vielseitig auf seine Schüler einwirken zu können« (Stötzner 1864/1963, 12).

Auch Begemann (1970, 13) und Klein (1999, 9) sahen – allgemeiner verstanden – eine Aufgabe der Sonderpädagogen darin, »die Schüler am Ort ihrer Erziehungswirklichkeit aufzusuchen« (ebd.) und sie als Mensch wahrzunehmen. Wenn man Klein, Begemann und Pestalozzi (und vielen anderen) im Punkte dieser Forderung folgen und somit das einzelne Individuum in seiner Lebenswelt aufsuchen und kennenlernen will, muss das auch im wörtlichen Sinn ein engeres Verhältnis zu dieser Lebenswelt und somit auch einen engeren Kontakt mit der Familie (bzw. dem Heim, den Erziehungsberechtigten) nach

3 Fazit und Ausblick

sich ziehen. Dies wiederum erfordert nicht nur persönliches Engagement und Feingefühl, sondern auch eine Menge Zeit und Kraft und somit Ressourcen, die nicht ausschließlich in der Freizeit erbracht werden können.

Literatur

Agisra (2017): Arbeitsgemeinschaft gegen internationale sexuelle und rassistische Ausbeutung Köln: Formen der Gewalt an Frauen im Migrationsprozess. In: http://agisra.org/index.php?de_gewalt-an-frauen-im-migrationsprozess. (29.04.2017).

Albers, T. (2008): Armut in der Schule. Zum Umgang mit Kinderarmut in der Förderschule. In: Fördermagazin 30 (3), 5–8.

Baddeley, A. D./Eysenck, M./Anderson, M. (2009): Memory. East Sussex.

Baierl, M. (2014): Traumapädagogik für Kinder und Jugendliche mit Migrationserfahrung. In: Gahleitner, S.B. (Hrsg.): Traumapädagogik in psychosozialen Handlungsfeldern. Ein Handbuch für Jugendhilfe, Schule und Klinik: mit 11 Abbildungen und 6 Tabellen. Göttingen, 239–248.

Bartsch, K. (1923): Welche Forderungen ergeben sich aus der Auswertung des psychologischen Profils für die Heilpädagogik? In: Goepfert, H. (Hrsg.): Bericht über den ersten Kongress für Heilpädagogik in München. Berlin, 63–64.

Begemann, E. (1970): Die Erziehung der sozio-kulturell benachteiligten Schüler. Zur erziehungswissenschaftlichen Grundlegung der »Hilfsschulpädagogik«. Hannover.

Begemann, E. (1973): Zum Verständnis der »Lernbehinderten«. Diagnostische Probleme einer Sonderschule im Wandel. In: Baier, H./Klein, G. (Hrsg.): Aspekte der Lernbehindertenpädagogik. Einführende Texte. Berlin, 135–160.

Benkmann, R. (2007): Kinderarmut und Lernbeeinträchtigung – Zur Ungleichheit sozialer Beteiligungschancen in der Kinderwelt. In: Salzberg-Ludwig, K./Grüning, E. (Hrsg.): Pädagogik für Kinder- und Jugendliche in schwierigen Lern- und Lebenssituationen. Stuttgart, 79–92.

Bergann, S./Stanat, P. (2010): Mädchen mit Migrationshintergrund im deutschen Bildungssystem. In: Matzner, M./Wyrobnik, I. (Hrsg.): Handbuch Mädchen-Pädagogik. Weinheim, 159–172.

Besser, L. (^{3}2013): Wenn die Vergangenheit Gegenwart und Zukunft bestimmt. Wie Erfahrungen und traumatische Ereignisse Spuren in unserem Kopf hinterlassen, Gehirn und Persönlichkeit strukturieren und Lebensläufe determinieren. In: Bausum, J. (Hrsg.): Traumapädagogik. Grundlagen, Arbeitsfelder und Methoden für die pädagogische Praxis. Weinheim, 38–53.

Literatur

Bleidick, U. (1998): Der Verband und die Bildungspolitik 1848 bis 1998. In: Möckel, A. (Hrsg.): Erfolg, Niedergang, Neuanfang. 100 Jahre Verband Deutscher Sonderschulen – Fachverband für Behindertenpädagogik; im Auftrag des Verbandes herausgegeben von Andreas Möckel. München, 96–163.

Bourdieu, P. (^{23}2013): Die feinen Unterschiede. Kritik der gesellschaftlichen Urteilskraft. Frankfurt.

Brake, A./Büchner, P. (2012): Bildung und soziale Ungleichheit. Eine Einführung. Stuttgart.

Breitbarth, M. (1915): Die Wechselbeziehungen zwischen geistiger Minderwertigkeit und sozialem Elend. Vortrag, gehalten im »Bund zur Erhaltung und Mehrung der deutschen Volkskraft«. In: Die Hilfsschule 8 (11), 236–264.

Bundschuh, K. (2014): Intelligenz, Kognition. In: Wember, F./Stein, R./Heimlich, U. (Hrsg.): Handlexikon Lernschwierigkeiten und Verhaltensstörungen. Stuttgart, 45–48.

Burgert, M. (2015): Berichte aus den Ländern: Mecklenburg-Vorpommern. In: Zeitschrift für Heilpädagogik 66 (10), 501–503.

Calmbach, M./Borgstedt, S./Borchard, I./Thoma, P.M./Flaig, B.B. (2016): Wie ticken Jugendliche – Lebenswelten von Jugendlichen im Alter von 14–17 Jahren. In: http://www.springer.com/cda/content/document/cda_download-document/978-3-658-12532-5_Wie+ticken+Jugendliche+2016.pdf?SGWID=-0-0-45-1559470-p179447875. (13.04.2017).

Cortés Núñez, S./Kücük, K. (2016): Armut von Migrantinnen und Migranten in Deutschland. In: Schneider, U.: Zeit zu handeln. Bericht zur Armutsentwicklung in Deutschland 2016. Deutscher paritätischer Wohlfahrtsverband Gesamtverband e. V. In: http://www.der-paritaetische.de/uploads/media/-ab2016_komplett_web.pdf. (02.09.2016), 57–63.

Delta (2017a): Delta-Institut für Sozial- und Ökologieforschung GmbH: Basismilieus. In: http://www.delta-sozialforschung.de/delta-milieus/basismilieus/. (13.04.2017).

Delta (2017b): Delta-Institut für Sozial- und Ökologieforschung GmbH: Gesellschaftsmodell. In: http://www.delta-sozialforschung.de/delta-milieus/gesell-schaftsmodell/. (13.04.2017).

Deutscher Bildungsrat (1973/1974): Empfehlungen der Bildungskommission. Zur pädagogischen Förderung behinderter und von Behinderung bedrohter Kinder und Jugendlicher. Verabschiedet auf der 34. Sitzung der Bildungskommission am 12./13. Oktober 1973 in Bonn. Bonn/Stuttgart.

Ding, U. (^{3}2013): Trauma und Schule. Was lässt Peter wieder lernen? Über unsichere Bedingungen und sichere Orte in der Schule. In: Bausum, J. (Hrsg.):

Traumapädagogik. Grundlagen, Arbeitsfelder und Methoden für die pädagogische Praxis. Weinheim, 56–67.

Dobslaff, O. (2007): Sprachliche Probleme bei Schülern mit Lernbeeinträchtigungen im mittleren und älteren Schulalter. In: Salzberg-Ludwig, K./Grüning, E. (Hrsg.): Pädagogik für Kinder- und Jugendliche in schwierigen Lern- und Lebenssituationen. Stuttgart, 131–148.

Droßmann, C. (2010): Genese einer Borderline-Persönlichkeit. Die Folgen früher Ablehnungserfahrungen am Beispiel Sonja. In: Breyvogel, W. (Hrsg.): Wie aus Kindern Risikoschüler werden. Fallstudien zu den Ursachen von Bildungsarmut. Frankfurt, 78–134.

Ehlers, K./Hartke, B. (2010): Gewalt gegen Kinder – wie Lehrer helfen können. In: Koch, K./Diehl, K./Hartke, B. (Hrsg.): Förderung in der schulischen Eingangsstufe. Stuttgart, 295–310.

Ehlers, S. (2010): Lesen(lernen) in der Zweitsprache. In: Lutjeharms, M./Schmidt, C. (Hrsg.): Lesekompetenz in Erst-, Zweit- und Fremdsprache. Tübingen, 109–116.

Einhellinger, C. (2013): Schriftspracherwerb unter erschwerten Bedingungen. In: Einhellinger, C./Ellinger, S./Hechler, O./Köhler, A./Ullmann, E.: Studienbuch Lernbeeinträchtigungen. Band 1: Grundlagen. Oberhausen, 271–311.

Einhellinger, C. (2014): Förderung von Kindern und Jugendlichen mit Migrationshintergrund im Schriftspracherwerb. In: Einhellinger, C./Ellinger, S./Hechler, O./Köhler, A./Ullmann, E. (Hrsg.): Studienbuch Lernbeeinträchtigungen. Band 2: Handlungsfelder und Förderansätze. Oberhausen, 119–152.

Einhellinger, C. (2016): Brauchen unsere Schüler überhaupt einen besonderen Namen? Der Prozess der Dekategorisierung und seine Bedeutung für den Personenkreis im Förderschwerpunkt Lernen. In: Böttinger, T./Einhellinger, C./Ellinger, S./Fertsch-Röver, J./Hechler, O./Ullmann, E.: Studienbuch Lernbeeinträchtigung. Band 3: Diskurse. Oberhausen, 47–93.

Einhellinger, C. (2017): Der Prozess der Dekategorisierung in den 16 Bundesländern und seine Bedeutung für den Personenkreis aus dem Förderschwerpunkt Lernen. Dissertation, Universität Würzburg (Microfiche), Ketsch, Microforme.

Ellger-Rüttgardt, S. (1998): Der Verband der Hilfsschulen Deutschlands auf dem Weg von der Weimarer Republik in das »Dritte Reich«. In: Möckel, A. (Hrsg.): Erfolg, Niedergang, Neuanfang. 100 Jahre Verband Deutscher Sonderschulen–Fachverband für Behindertenpädagogik; Im Auftrag des Verbandes herausgegeben von Andreas Möckel. München, 50–95.

Ellinger, S. (2006): Zur Bedeutung von Scham- und Schuldkultur bei Migrationshintergrund in der Schule. Ergebnisse einer empirischen Studie nach der Grounded Theory. In: Sonderpädagogische Förderung 51 (4), 397–421.

Literatur

Ellinger, S. (2009): Effektive Förderung bei drohendem Schulabsentismus. In: Jahrbuch Ganztagsschule 2009. Schwalbach/Ts., 189–196.

Ellinger, S. (2010a): Aufmerksamkeitsförderung. In: Hartke, B./Koch, K./Diehl, K. (Hrsg.): Förderung in der schulischen Eingangsstufe. Stuttgart, 233–251.

Ellinger, S. (2010b): Migration und kulturelle Gegensätze. In: Ahrbeck, B./Willmann, M. (Hrsg.): Pädagogik bei Verhaltensstörungen. Ein Handbuch. Stuttgart, 326–332.

Ellinger, S. (2010c): Pädagogisches Handeln bei Migration und kulturellen Differenzen. In: Braune-Krickau, T. (Hrsg.): Handbuch diakonische Jugendarbeit. Neukirchen-Vluyn, 433–447.

Ellinger, S. (2010d): Unaufmerksame und hyperaktive Kinder und Jugendliche. In: Braune-Krickau, T. (Hrsg.): Handbuch diakonische Jugendarbeit. Neukirchen-Vluyn, 583–602.

Ellinger, S. (2013a): Einführung in die Pädagogik bei Lernbeeinträchtigungen. In: Einhellinger, C./Ellinger, S./Hechler, O./Köhler, A./Ullmann, E. (Hrsg.): Studienbuch Lernbeeinträchtigungen. Band 1: Grundlagen. Oberhausen, 17–99.

Ellinger, S. (2013b): Förderung bei sozialer Benachteiligung. Stuttgart.

Ellinger, S. (2014): Aufmerksamkeitsförderung durch Advance Organizer. In: Einhellinger, C./Ellinger, S./Hechler, O./Köhler, A./Ullmann, E. (Hrsg.): Studienbuch Lernbeeinträchtigungen. Band 2: Handlungsfelder und Föderansätze. Oberhausen, 197–217.

Ellinger, S. (2016): Ökonomisierung + Inklusion = Evidenzbasierte Pädagogik? In: Ahrbeck, B./Ellinger, S./Hechler, O./Koch, K./Schad, G.: Evidenzbasierte Pädagogik. Sonderpädagogische Einwände. Oberhausen, 100–128.

Fegert, J. (2016): Ursachen und Folgen der Traumatisierung von Flüchtlingskindern in Deutschland. Präsentation zum Vortrag auf der Fachtagung »Sichere Orte für Flüchtlingskinder –Hilfe und Zukunft« am 09.09. 2015 in Würzburg. In: http://www.uniklinik-ulm.de/fileadmin/Kliniken/Kinder_Jugendpsychiatrie/Praesentationen/FE_2015_9_9_Childhood_FluecFlu.pdf. (03.09.2016).

Fereidooni, K. (2011): Schule – Migration – Diskriminierung. Ursachen der Benachteiligung von Kindern mit Migrationshintergrund im deutschen Schulwesen. Wiesbaden.

Fertsch-Röver, J. (2014): Maligne Beziehungserfahrungen und Lernbeeinträchtigungen. Belastende und traumatisierende Bindungserlebnisse und ihre Auswirkungen auf das Lernen. In: spuren – Sonderpädagogik in Bayern 57 (4), 21–28.

Franke, U. (^{9}2016): Logopädisches Handlexikon. München, Basel.

Fritz, A./Ricken, G./Gerlach, M. (2007): Kalkulie. Diagnose- und Trainingsprogramm für rechenschwache Kinder. Handreichung zur Durchführung der Diagnose. Berlin.

Fürstenheim, W. (1923): Zur Biologie des Hilfsschulkindes. In: Goepfert, H. (Hrsg.): Bericht über den ersten Kongress für Heilpädagogik in München. Berlin, 12–13.

Gasteiger-Klicpera, B./Klicpera, C. (2014): Lese-Rechtschreibschwäche. In: Lauth, G.W./Grünke, M./Brunstein, J.C. (Hrsg.): Interventionen bei Lernstörungen. Förderung, Training und Therapie in der Praxis. Göttingen, 56–65.

Gawrilow, C. (^{2}2016): Lehrbuch ADHS. München.

Geiling, U./Theunissen, G. (2009): Begriffsdiskussion, Erscheinungsformen, Prävalenz. In: Opp, G./Theunissen, G. (Hrsg.): Handbuch schulische Sonderpädagogik. Bad Heilbrunn, 339–343.

Goepfert, H. (1923) (Hrsg.): Bericht über den ersten Kongress für Heilpädagogik in München. Berlin.

Gold, A. (2011): Lernschwierigkeiten. Ursachen, Diagnostik, Intervention. Stuttgart.

Gomolla, M./Radtke, F.O. (2002): Institutionelle Diskriminierung. Die Herstellung ethnischer Differenz in der Schule. Opladen.

Gossow, E. (1931): Das Hilfsschulkind der Großstadt und sein Milieu. In: Die Hilfsschule 24 (3), 143–162.

Grube, D./Hasselhorn, M. (2006): Längsschnittliche Analysen zur Lese-, Rechtschreib- und Mathematikleistung im Grundschulalter: zur Rolle von Vorwissen, Intelligenz, phonologischem Arbeitsgedächtnis und phonologischer Bewusstheit. In: Hosenfeld, I./Schrader, F.W. (Hrsg.): Schulische Leistung. Grundlagen, Bedingungen, Perspektiven. Münster, 87–105.

Grünke, M./Grosche, M. (^{2}2014): Lernbehinderung. In: Lauth, G.W./Grünke, M./Brunstein, J.C. (Hrsg.): Interventionen bei Lernstörungen. Förderung, Training und Therapie in der Praxis. Göttingen, 76–89.

Hammelbacher, P. (2016): Akustik in Schulen. Vortrag. In: https://www.bllv.de/fileadmin/Dateien/Land-PDF/Gesundheit/Laerm.pdf. (18.09.2016).

Han, P. (^{3}2010): Soziologie der Migration. Erklärungsmodelle, Fakten, politische Konsequenzen. Stuttgart.

Hasselhorn, M./Gold, A. (^{3}2013): Pädagogische Psychologie. Erfolgreiches Lernen und Lehren. Stuttgart.

Hechler, O. (2013a): Metakognition und Mentalisierung. In: Einhellinger, C./Ellinger, S./Hechler, O./Köhler, A./Ullmann, E. (Hrsg.): Studienbuch Lernbeeinträchtigungen. Band 1: Grundlagen. Oberhausen, 313–336.

Hechler, O. (2013b): Sozialisationsbedingungen des Lernens und der Persönlichkeitsentwicklung. In: Einhellinger, C./Ellinger, S./Hechler, O./Köhler, A./Ullmann, E. (Hrsg.): Studienbuch Lernbeeinträchtigungen. Band 1: Grundlagen. Oberhausen, 157–179.

Literatur

Hechler, O. (2016a): Evidenzbasierte Pädagogik – Von der verlorenen Kunst des Erziehens. In: Ahrbeck, B./Ellinger, S./Hechler, O./Koch, K./Schad, G.: Evidenzbasierte Pädagogik. Sonderpädagogische Einwände. Oberhausen, 42–83.

Hechler, O. (2016b): Warum kommt es auf die Lehrer an? Sonderpädagogische Persönlichkeit und Beziehungsgestaltung im Fokus der Lehrerbildung. In: Böttinger, T./Einhellinger, C./Ellinger, S./Fertsch-Röver, J./Hechler, O./Ullmann, E.: Studienbuch Lernbeeinträchtigung. Band 3: Diskurse. Oberhausen, 173–227.

Hedderich, I. (2016): Migration. In: Hedderich, I./Biewer, G./Hollenweger, J./ Markowetz, R. (Hrsg.): Handbuch Inklusion und Sonderpädagogik. Bad Heilbrunn, 412–416.

Hennemann, T./Hagen, T./Hillenbrand, C. (2010): Dropout aus der Schule – Empirisch abgesicherte Risikofaktoren und wirksame pädagogische Maßnahmen. In: Empirische Sonderpädagogik, (3), 26–47.

Hiller, G.G. (^{3}2016): Aufriss einer kultursoziologisch fundierten, zielgruppenspezifischen Didaktik – oder: Wie Lebenslagen, Lebensgeschichten und Lebenswelten zu zentralen Bezugspunkten des Lehrens und Lernens werden. In: Heimlich, U./Wember, F.B. (Hrsg.): Didaktik des Unterrichts im Förderschwerpunkt Lernen. Ein Handbuch für Studium und Praxis. Stuttgart, 41–55.

Hinz, A./Katzenbach, D./Rauer, W./Schuck, K.D./Wocken, H./Wudtke, H. (1998): Die integrative Grundschule im sozialen Brennpunkt. Ergebnisse eines Hamburger Schulversuchs. Hamburg.

Hoffart, E.-M./Möhrlein, G. (2014): Förderung bei Traumatisierung. In: Einhellinger, C./Ellinger, S./Hechler, O./Köhler, A./Ullmann, E. (Hrsg.): Studienbuch Lernbeeinträchtigungen. Band 2: Handlungsfelder und Förder-ansätze. Oberhausen, 219–245.

Horstkemper, M. (2014): Eltern im Förderstress? Häusliche Unterstützung zwischen Herausforderung und Überforderung. In: Bohl, T./Feindt, A./Lütje-Klose, B./Trautmann, M./Wischer, B. (Hrsg.): Fördern. Seelze, 56–59.

Huber, C./Wilbert, J. (2012): Soziale Ausgrenzung von Schülern mit sonderpädagogischem Förderbedarf und niedrigen Schulleistungen im gemeinsamen Unterricht. In: Empirische Sonderpädagogik (2), 147–165.

Ittel, A./Scheithauer, H. (^{2}2007): Geschlecht als »Stärke« oder als »Risiko«? Überlegungen zur geschlechterspezifischen Resilienz. In: Opp, G./Fingerle, M. (Hrsg.): Was Kinder stärkt. Erziehung zwischen Risiko und Resilienz. München, 98–115.

Jünger, R. (2014): Die schulischen Habitusformen privilegierter und nichtprivilegierter Kinder im Vergleich. In: Erziehung und Unterricht 164 (1–2), 82–90.

Jürgensmeier, T. (2010): Der Schüler Jonas – Das Opfer. In: Breyvogel, W. (Hrsg.): Wie aus Kindern Risikoschüler werden. Fallstudien zu den Ursachen von Bildungsarmut. Frankfurt, 35–51.

Kanter, G.O. (1977): Lernbehinderungen und die Personengruppe der Lernbehinderten. In: Kanter, G.O./Speck, O. (Hrsg.): Handbuch der Sonderpädagogik Band 4. Pädagogik der Lernbehinderten. Berlin, 34–64.

Kanter, G.O. (^{2}2006): Lernbehinderung, Lernbehinderte, Lernbehindertenpädagogik. In: Antor, G./Bleidick, U. (Hrsg.): Handlexikon der Behindertenpädagogik. Schlüsselbegriffe aus Theorie und Praxis. Stuttgart, 146–151.

Kauschke, C. (2015): Sprachentwicklungsstörungen. Lexikalische Störungen. Late Talker. In: Siegmüller, J./Bartels, H.(Hrsg.): Leitfaden Sprache Sprechen Stimme Schlucken. München, 56–59.

Kern, F. (1855): Gegenwart und Zukunft der Blödsinnigenbildung. In: Allgemeine Zeitschrift für Psychiatrie und psychisch-gerichtliche Medizin 12 (4), 521–574.

Kielhorn, H. (1887): Schule für schwachbefähigte Kinder (Hilfsschule, Hilfsklasse). In: Allgemeine Deutsche Lehrerzeitung 39 (32), 307–312.

Kielhorn, H. (1909): Erziehung und Unterricht schwachbefähigter Kinder. Hilfsschul-Lehrplan. Zum Besten armer kränklicher Kinder der Braunschweiger Hilfsschule gestiftet. Halle.

Kiper, H. (2010): Schülerinnen mit Lernschwierigkeiten. In: Matzner, M./Wyrobnik, I. (Hrsg.): Handbuch Mädchen-Pädagogik. Weinheim, 173–184.

Kirchlicher Flüchtlingsdienst (2017): Kirchlicher Flüchtlingsdienst der Caritas Frankfurt: Beratung für Flüchtlinge am Flughafen Frankfurt. In: http://www.caritas-frankfurt.de/53246.html. (11.04.2017).

Klauer, K.J./Lauth, G.W. (1997): Lernbehinderungen und Leistungsschwierigkeiten bei Schülern. In: Weinert, F.E. (Hrsg.): Psychologie des Unterrichts und der Schule. Göttingen, 701–738.

Klein, G. (1973): Kritische Analyse gegenwärtiger Konzeptionen der Sonderschule für Lernbehinderte. In: Baier, H./Klein, G. (Hrsg.): Aspekte der Lernbehindertenpädagogik. Einführende Texte. Berlin, 286–306.

Klein, G. (1999): Die Schüler der Förderschule (Schule für Lernbehinderte) in der Wahrnehmung der Sonderpädagogik. In: Zeitschrift für Heilpädagogik (1), 4–10.

Klein, G. (2001): Sozialer Hintergrund und Schullaufbahn von Lernbehinderten/Förderschülern 1969 und 1997. In: Zeitschrift für Heilpädagogik 52 (2), 51–61.

Kniffka, G./Siebert-Ott, G. (^{3}2012): Deutsch als Zweitsprache. Lehren und lernen. Paderborn.

Koch, K. (2004a): Die soziale Lage der Familien von Förderschülern – Ergebnisse einer empirischen Studie. Teil I: Sozioökonomische Bedingungen. In: Sonderpädagogische Förderung. Integration und pädagogische Rehabilitation. (Bis zum 47. Jahrgang 2002: Die neue Sonderschule.) 49 (1), 181–200.

Koch, K. (2004b): Die soziale Lage der Familien von Förderschülern – Ergebnisse einer empirischen Studie. Teil II: Sozialisationsbedingungen in Familien von Förderschülern. In: Sonderpädagogische Förderung. Integration und pädagogische Rehabilitation. (Bis zum 47. Jahrgang 2002: Die neue Sonderschule.) 49 (2), 411–428.

Koch, K. (2007): Soziokulturelle Benachteiligung. In: Walter, J. (Hrsg.): Handbuch Sonderpädagogik. Göttingen, 104–116.

Koch, K. (2010): Bildung, Behinderung und soziale Ungleichheit. In: Kaiser, A./Schmetz, D./Wachtel, P./Werner, B. (Hrsg.): Bildung und Erziehung. Stuttgart, 155–158.

Kornmann, R./Klingele, C. (1996): Ausländische Kinder und Jugendliche an Schulen für Lernbehinderte in den alten Bundesländern – Noch immer erheblich überrepräsentiert und dies mit steigender Tendenz und eklatanten länderspezifischen Unterschieden! In: Zeitschrift für Heilpädagogik 47 (1), 2–9.

Kornmann, R./Klingele, C./Iriogbe-Ganninger, J. (1997): Zur Überrepräsentation ausländischer Kinder und Jugendlicher in Schulen für Lernbehinderte: Der alarmierende Trend hält an. In: Zeitschrift für Heilpädagogik 48 (5), 203–207.

Kornmann, R./Kornmann, A. (2003): Erneuter Anstieg der Überrepräsentation ausländischer Kinder in Schulen für Lernbehinderte. In: Zeitschrift für Heilpädagogik 54 (7), 286–289.

Kottmann, B. (2006): Selektion in die Sonderschule. Bad Heilbrunn, Bielefeld.

Mattmüller, F. (1971): Eine Schule für sozio-kulturell benachteiligte Kinder. In: Zeitschrift für Heilpädagogik 22 (12), 830–848.

Kretschmann, R. (2007): Lernschwierigkeiten, Lernstörungen und Lernbehinderung. In: Walter, J. (Hrsg.): Handbuch Sonderpädagogik. Göttingen, 4–32.

Kristen, C./Dollmann, J. (2012): Migration und Schulerfolg: Zur Erklärung ungleicher Bildungsmuster. In: Matzner, M. (Hrsg.): Handbuch Migration und Bildung. Weinheim, 102–117.

Kuyumcu, R. (2012): Mediennutzung zweisprachig aufwachsender Kinder mit Erstsprache Türkisch im häuslichen Umfeld und im Kindergarten. In: Wieler, P. (Hrsg.): Medien als Erzählanlass. Wie lernen Kinder im Umgang mit alten und neuen Medien? Stuttgart, 209–231.

Lambert, K. (2015): Rechenschwäche. Grundlagen, Diagnostik und Förderung. Göttingen.

Lauth, G.W./Grünke, M./Brunstein, J.C. (Hrsg.) (^{2}2014a): Interventionen bei Lernstörungen. Förderung, Training und Therapie in der Praxis. Göttingen.

Lauth, G.W./Brunstein, J.C./Grünke, M. (^{2}2014b): Lernstörungen im Überblick; Arten, Klassifikation, Verbreitung und Erklärungsperspektiven. In: Lauth, G. W./Grünke, M./Brunstein, J.C. (Hrsg.): Interventionen bei Lernstörungen. Förderung, Training und Therapie in der Praxis. Göttingen, 17–31.

Lauth, G.W. (2014): Aufmerksamkeits- und Hyperaktivitätsstörung (ADHS). In: Wember, F./Stein, R./Heimlich, U. (Hrsg.): Handlexikon Lernschwierigkeiten und Verhaltensstörungen. Stuttgart, 22–25.

Lelgemann, R. (2015): Körperbehindertenpädagogik – Vorschläge für eine Weiterentwicklung in Theorie und Praxis. In: Zeitschrift für Heilpädagogik 66 (12), 623–634.

Linder, M. (^{2}1975): Lese-Rechtschreibstörungen bei normalbegabten Kindern. Zürich.

Löhlein, H. (2016): Armut von Flüchtlingen. In: Schneider, U.: Zeit zu handeln. Bericht zur Armutsentwicklung in Deutschland 2016. Deutscher paritätischer Wohlfahrtsverband Gesamtverband e. V. In: http://www.der-paritaetische.¬ de/uploads/media/ab2016_komplett_web.pdf. (28.08.2016), 64–72.

Lübke, W. (1891): Lebenserinnerungen. Berlin.

Lüdtke, U. M./Stitzinger, U. (2015): Pädagogik bei Beeinträchtigungen der Sprache. München, Basel.

Luft, S. (2012): Einwanderer mit besonderen Integrationsproblemen: Daten, Fakten und Perspektiven. In: Matzner, M. (Hrsg.): Handbuch Migration und Bildung. Weinheim, 38–56.

Manské, C. (1996): Lernbehinderung ist gebrochener Stolz. In: Eberwein, H. (Hrsg.): Handbuch Lernen und Lern-Behinderungen. Aneignungsprobleme, neues Verständnis von Lernen, integrationspädagogische Lösungsansätze. Weinheim, 157–164.

Marschke, B. (^{2}2014): Gesellschaftliche Teilhabe und Chancengleichheit als Indikatoren für Integration. In: Marschke, B./Brinkmann, H.U. (Hrsg.): Handbuch Migrationsarbeit. Wiesbaden, 61–78.

Matthäus, M./Stein, A. (2016): Psychoedukation und Psychotherapie für Jugendliche und junge Erwachsene mit ADHS. Ein Manual. Stuttgart.

Matzner, M. (2012) (Hrsg.): Handbuch Migration und Bildung. Weinheim

Mayer, A. (2016): Lese-Rechtschreibstörungen (LRS). München, Basel.

Möckel, A. (1988): Geschichte der Heilpädagogik. Stuttgart.

Moor, P. (1965): Heilpädagogik. Bern.

Müller, P. (1973): Sind Jungen dümmer? Untersuchungen zur unterschiedlichen Häufung von Jungen und Mädchen an Sonderschulen. In: Baier, H./Klein, G.

Literatur

(Hrsg.): Aspekte der Lernbehindertenpädagogik. Einführende Texte. Berlin, 181–196.

Müller, T. (2013): Äußere und innere Armut. In: Braune-Krickau, T./Ellinger, S./Sperzel, C. (Hrsg.): Handbuch Kulturpädagogik für benachteiligte Jugendliche. Weinheim, 91–112.

Myschker, N. (1998): Von der Gründung des Verbandes bis zum Ersten Weltkrieg. In: Möckel, A. (Hrsg.): Erfolg, Niedergang, Neuanfang. 100 Jahre Verband Deutscher Sonderschulen – Fachverband für Behindertenpädagogik; Im Auftrag des Verbandes herausgegeben von Andreas Möckel. München, 20–49.

Naber, A. (2016): Adam Naber für den Bundesfachverband unbegleitete minderjährige Flüchtlinge: Afghanistan: Gründe der Flucht und Sorgen jugendlicher Rückkehrer. Eine Auswertung aktueller Studien zur Lage von Kindern und Jugendlichen in Afghanistan. In: http://www.b-umf.de/images/¬Asylmagazin-2-2016-Situation-Afghanistan.pdf. (27.08.2016).

Nußbeck, S. (2010): Sprache und Sprechen. In: Hartke, B./Koch, K./Diehl, K. (Hrsg.): Förderung in der schulischen Eingangsstufe. Stuttgart, 163–185.

Otyakmaz, B. Ö. (2014): Mütterliches Erziehungsverhalten. Ein Vergleich türkisch-deutscher und deutscher Mütter mit Kindern im Vorschulalter. In: Zeitschrift für Pädagogik 60 (8), 926–941.

Petermann, F./Petermann, U. (2007): HAWIK-IV. Hamburg-Wechsler-Intelligenztest für Kinder – IV. Manual. Bern.

Ricken, G. (2014): Rechenschwierigkeiten. In: Wember, F./Stein, R./Heimlich, U. (Hrsg.): Handlexikon Lernschwierigkeiten und Verhaltensstörungen. Stuttgart, 69–72.

Ricken, G./Fritz, A./Balzer, L. (2012): MARKO-D. Mathematik und Rechenkonzepte im Vorschulalter – Diagnose. Manual zum Test zur Erfassung von Kompetenzen im Vorschulalter. Göttingen.

Ricking, H. (2014): Schulabsentismus. In: Wember, F./Stein, R./Heimlich, U. (Hrsg.): Handlexikon Lernschwierigkeiten und Verhaltensstörungen. Stuttgart, 72–75.

Rittelmeyer, C. (2014): Im Hässlichen lernt es sich schlecht. Ein Blick in die internationale Schulbauforschung. In: erziehungskunst. Waldorfpädagogik heute (6), 20–24.

Röhner, C./Hausmann, A.O. (2013): Zweitsprachliche Produktivität von Migrantenkindern im Übergang vom Kindergarten zur Grundschule. In: Ahrenholz, B. (Hrsg.): Deutsch als Zweitsprache. Voraussetzungen und Konzepte für die Förderung von Kindern und Jugendlichen mit Migrationshintergrund. Stuttgart, 75–93.

Rost, D. (2015): Das Konstrukt der Intelligenz. In: ders. (Hrsg.): Intelligenz und Begabung, Unterricht und Klassenführung. Münster, 11–45.

Roth, H. (1969) (Hrsg.): Begabung und Lernen. Ergebnisse und Folgerungen neuer Forschungen. Deutscher Bildungsrat, Gutachten und Studien der Bildungskommission, Bd. 4, Stuttgart.

Roth, H.-J. (2014): Diagnostik von Sprachkompetenzen im Vor- und Grundschulalter bei Kindern mit und ohne Migrationshintergrund. In: Rühle, S./ Müller, A./Knobloch, P.D.T. (Hrsg.): Mehrsprachigkeit – Diversität – Internationalität. Erziehungswissenschaft im transnationalen Bildungsraum. Münster, 157–184.

Scheffler, K./Grünke, M. (2010): Denken. In: Hartke, B./Koch, K./Diehl, K. (Hrsg.): Förderung in der schulischen Eingangsstufe. Stuttgart, 143–162.

Scherwath, C./Friedrich, S. (^{2}2014): Soziale und pädagogische Arbeit bei Traumatisierung. München.

Schildmann, U. (2014): Gender/Geschlecht. In: Wember, F./Stein, R./Heimlich, U. (Hrsg.): Handlexikon Lernschwierigkeiten und Verhaltensstörungen. Stuttgart, 251–252.

Schipperges, B. (2016): Dyskalkulie in der Sek. I. Diagnose, Handlungsstrategien und Förderung. Mühlheim.

Schirilla, N. (2016): Migration und Flucht: Orientierungswissen für die Soziale Arbeit. Stuttgart.

Schmidt-Kraepelin, T. (1923): Untersuchungen an Mannheimer Hilfsschulkindern. In: Goepfert, H. (Hrsg.): Bericht über den ersten Kongress für Heilpädagogik in München. Berlin, 14–17.

Schneider, U. (2016): Zeit zu handeln. Bericht zur Armutsentwicklung in Deutschland 2016. Deutscher paritätischer Wohlfahrtsverband Gesamtverband e. V. In: http://www.der-paritaetische.de/uploads/media/ab2016_¬komplett_web.pdf. (28.08.2016).

Schönauer-Schneider, W./Reber, K. (2014): Sprache. In: Wember, F./Stein, R./ Heimlich, U. (Hrsg.): Handlexikon Lernschwierigkeiten und Verhaltensstörungen. Stuttgart, 78–79.

Schramm, S. A. (2016): Störungsbild ADHS. In: Mackowiak, K./Schramm, S.A. (Hrsg.): ADHS und Schule. Stuttgart, 13–36.

Schroeder, J. (2012): Schulen für schwierige Lebenslagen. Studien zu einem Sozialatlas der Bildung. Münster.

Schroeder, J. (2014): Migration. In: Wember, F./Stein, R./Heimlich, U. (Hrsg.): Handlexikon Lernschwierigkeiten und Verhaltensstörungen. Stuttgart, 62–64.

Schroeder, J. (2015): Pädagogik bei Beeinträchtigungen des Lernens. Stuttgart.

Schröder, U. (2012): Schülerinnen und Schüler mit Migrationshintergrund in Förderschulen. In: Matzner, M. (Hrsg.): Handbuch Migration und Bildung. Weinheim und Basel, 240–251.

Schulte-Körne, G./Galuschka, K. (2016): Diagnostik und Behandlung von Kindern und Jugendlichen mit Lese-und/oder Rechtschreibstörung. Evidenz- und konsensbasierte Leitlinie. AWMF-Registernummer 028-044. Koordination und Redaktion Prof. Dr. med. Gerd Schulte-Körne und Dr. Katharina Galuschka, Klinik und Poliklinik für Kinder-und Jugendpsychiatrie, Psychosomatik und Psychotherapie, Klinikum der Universität München. In: https://www.bvl-legasthenie.de/images/static/pdfs/Leitlinien/LF_Leitlinie.pdf. (13.11.2016).

Schwab, S. (2014): Haben sie wirklich ein anderes Selbstkonzept? Ein empirischer Vergleich von Schülern mit und ohne sonderpädagogischen Förderbedarf im Bereich Lernen. In: Zeitschrift für Heilpädagogik 65 (3), 116–121.

Sinus (2012a): Sinus Markt- und Sozialforschung GmbH: Die Sinus Migrantenmilieus. In: http://www.sinus-institut.de/sinus-loesungen/sinus-migrantenmilieus/. (12.09.2016).

Sinus (2012b): Sinus Markt- und Sozialforschung GmbH: Die Sinus Migrantenmilieus. Infoblatt. In: http://www.sinus-institut.de/veroeffentlichungen/downloads/. (02.09.2016).

Sinus (2017): Sinus Markt- und Sozialforschung GmbH: Über uns. In: http://www.sinus-institut.de/ueber-uns/. (29.04.2017).

Sommer-Stumpenhorst (2016): Rechtschreiben. In: Heimlich, U./Wember, F.B. (Hrsg.): Didaktik des Unterrichts im Förderschwerpunkt Lernen. Ein Handbuch für Studium und Praxis. Stuttgart, 206–228.

Spada, H./Wichmann, S. (1996): Kognitive Determinanten der Lernleistung. In: Weinert, F.E. (Hrsg.): Psychologie des Lernens und der Instruktion. Göttingen, 119–152.

Speck, O. (2013): Die wundersame Vermehrung von Schülern mit »geistiger Behinderung« – und niemand empört sich! In: VHN (1), 1–10.

Statistisches Bundesamt (2017): Migration und Integration. Migrationshintergrund: Glossar. In: https://www.destatis.de/DE/ZahlenFakten/GesellschaftStaat/Bevoelkerung/MigrationIntegration/Glossar_MigrationIntegration.html. (14.04.2017).

Stemmler, G./Hagemann, D./Amelang, M./Spinath, F.M. (^{8}2016): Differentielle Psychologie und Persönlichkeitsforschung. Stuttgart.

Stern, E. (2015): Von der Synapse in die Schule? Lehren heißt, das Lernen verstehen – aber was genau bedeutet das? In: Rost, D. (Hrsg.): Intelligenz und Begabung, Unterricht und Klassenführung. Münster, 117–169.

StMBK (2016): Bayerisches Staatsministerium für Bildung und Kultus, Wissenschaft und Kunst: Schulsuche: Leo-Weismantel-Schule Karlstadt-Gemünden, Sonderpädagogisches Förderzentrum mit Abteilung Förderschwerpunkt geistige Entwicklung der Lebenshilfe Main-Spessart e.V. In: https://www.¬km.bayern.de/schule/7007.html?re=1. (04.09.2016).

Stötzner, H.E. (1864/1963): Schulen für schwachbefähigte Kinder. Erster Entwurf zur Begründung derselben. Vollständiger Nachdruck der Originalausgabe 1864. Mit einer Lebensbeschreibung des Verfassers und mit einem Nachwort versehen von Gerhard Heese. Berlin-Charlottenburg.

Strobel, M./Warnke, A. (2007): Das medizinische Paradigma. In: Walter, J. (Hrsg.): Handbuch Sonderpädagogik. Göttingen, 65–80.

Strüber, D. (2010): Geschlechtsspezifisches Verhalten aus Sicht der Hirnforschung. In: Matzner, M./Wyrobnik, I. (Hrsg.): Handbuch Mädchen-Pädagogik. Weinheim, 62–78.

Sturm, T. (2013): Lehrbuch Heterogenität in der Schule. Stuttgart.

Ulich, D./Jerusalem, M. (1996): Interpersonale Einflüsse auf die Lernleistung. In: Weinert, F.E. (Hrsg.): Psychologie des Lernens und der Instruktion. Göttingen, 181–208.

Ullmann, E. (2013a): Einführung in die Testtheorie für Sonderpädagogen. In: Einhellinger, C./Ellinger, S./Hechler, O./Köhler, A./Ullmann, E. (Hrsg.): Studienbuch Lernbeeinträchtigungen. Band 1: Grundlagen. Oberhausen, 135–155.

Ullmann, E. (2013b): Spezifische Störungsbilder im Zusammenhang mit Lernen. In: Einhellinger, C./Ellinger, S./Hechler, O./Köhler, A./Ullmann, E. (Hrsg.): Studienbuch Lernbeeinträchtigungen. Band 1: Grundlagen. Oberhausen, 227–269.

Ullmann, E. (2014): Entwicklungsaufgabe Schulanfang – Übergang vom Kindergarten in die Schule. In: Einhellinger, C./Ellinger, S./Hechler, O./Köhler, A./Ullmann, E. (Hrsg.): Studienbuch Lernbeeinträchtigungen. Band 2: Handlungsfelder und Förderansätze. Oberhausen, 13–40.

UNO-Flüchtlingshilfe (2017): Frauen auf der Flucht: Besondere Bedürfnisse von Flüchtlingsfrauen. In: https://www.uno-fluechtlingshilfe.de/fluechtlinge/flu¬echtlingsschutz/fluechtlingsfrauen.html. (29.04.2017).

Uslucan, H.-H. (2012): Islam in der Schule: Ängste, Erwartungen und Effekte. In: Matzner, M. (Hrsg.): Handbuch Migration und Bildung. Weinheim und Basel, 315–330.

Uslucan, H.-H. (^{2}2014): Ethische Erziehung in muslimischen Familien. In: Marschke, B./Brinkmann, H.U. (Hrsg.): Handbuch Migrationsarbeit. Wiesbaden, 275–269.

Valtin, R./Sasse, A. (2014): Lese-Rechtschreib-Schwierigkeiten. In: Wember, F./Stein, R./Heimlich, U. (Hrsg.): Handlexikon Lernschwierigkeiten und Verhaltensstörungen. Stuttgart, 59–62.

Völker-Zeitler, R. (2016): Gewalt, Flucht, Trennung, Tod. Eröffnungsvortrag zur Landesdelegiertenversammlung des vds 2016. In: spuren 59 (3), 14–22.

von Deuster, C. (1986): Schwerhörigkeit, Sprachstörungen und Teilleistungsschwächen als Ursache von Lernproblemen. In: Möckel, A./Thalhammer, M. (Hrsg.): Gestörtes Lernen. Würzburg, 61–75.

von zur Gathen, M./Liebert, J. (2016): Auswirkungen von Armut auf die Lebenswirklichkeit und Entwicklung von Kindern und Jugendlichen. In: Schneider, U.: Zeit zu handeln. Bericht zur Armutsentwicklung in Deutschland 2016. Deutscher paritätischer Wohlfahrtsverband Gesamtverband e. V. In: http://www.der-paritaetische.de/uploads/media/ab2016_komplett_web.pdf. (28.08.2016), 35–41.

Wechsler, D. (^{3}1944): The Measurement of Adult Intelligence. Baltimore.

Weiß, H. (2016): Armut. In: Hedderich, I./Biewer, G./Hollenweger, J./Markowetz, R. (Hrsg.): Handbuch Inklusion und Sonderpädagogik. Bad Heilbrunn, 417–422.

Weinert, F.E. (1996): Lerntheorien und Instruktionsmodelle. In: Weinert, F.E. (Hrsg.): Psychologie des Lernens und der Instruktion. Göttingen, Bern, 1–48.

Weinfurter, S. (2014): Karl der Große. Der heilige Barbar. München.

Werning, R./Lütje-Klose, B. (^{4}2016): Einführung in die Pädagogik bei Lernbeeinträchtigungen. Mit zahlreichen Übungsaufgaben. München.

Wippermann, K./Wippermann, C./Kirchner, A. (2013): Eltern – Lehrer – Schulerfolg. Wahrnehmungen und Erfahrungen im Schulalltag von Eltern und Lehrern; eine sozialwissenschaftliche Untersuchung der Katholischen Stiftungsfachhochschule Benediktbeuern für die Konrad-Adenauer-Stiftung und das Bundesministerium für Familie, Senioren, Frauen und Jugend. Stuttgart.

zdf (2016): zdf heute vom 17.09.2016. In: http://www.heute.de/ehemalige-is-gefangene-ist-zur-un-sonderbotschafterin-fuer-opfer-des-menschenhandels-ernannt-worden-45259632.html. (17.09.2016).

Zielinski, W. (1996): Lernschwierigkeiten. In: Weinert, F.E. (Hrsg.): Psychologie des Lernens und der Instruktion. Göttingen, 369–402.

Zimmermann, D. (2016): »Fluchterfahrungen sind immer schwer belastend« – Zum Umgang mit traumatisierten Kindern und Jugendlichen im Schulalltag. Interview für die Bundeszentrale für Politische Bildung. In: http://www.bpb.de/gesellschaft/migration/kurzdossiers/225113/interview-david-zimmermann. (03.09.2016).

Traugott Böttinger

Exklusion durch Inklusion?

Stolpersteine bei der Umsetzung

2016. 145 Seiten, auch als EBOOK
12 Abb., 22 Tab. Kart. € 26,-
ISBN 978-3-17-031793-2

Inklusion praktisch, Band 2

Mit schulischer Inklusion werden sehr anspruchsvolle Erwartungen und zum Teil idealistische Vorstellungen verknüpft. Zweifellos kann Inklusion Enormes leisten – in der Praxis funktioniert sie aber nur innerhalb bestimmter Grenzen und Rahmenbedingungen sowie auf der Basis realistischer Zielsetzungen. Der Band setzt sich mit Möglichkeiten und Grenzen der Inklusion in der Schule auseinander und beleuchtet die elementare Frage nach der Gefahr, dass durch inklusive Praktiken eine Exklusion durch Inklusion geschaffen wird. Auf der Ebene des Schulsystems, der Ebene der Lehrkräfte und des gemeinsamen Unterrichts und schließlich auf der Ebene der Schüler werden die Entwicklungschancen, aber auch die Veränderungsbarrieren im Lichte des Realisierbaren beleuchtet. Das Buch macht deutlich, dass das moralische Inklusionsgebot in der Schule in einer weiterhin exkludierenden Gesellschaft nicht widerspruchsfrei einzulösen ist.

W. Kohlhammer GmbH
70549 Stuttgart

Kohlhammer

Birgit Werner

Teilhabe durch Grundbildung

Die Förderung Benachteiligter im Sekundarbereich I

2017. 212 Seiten, auch als EBOOK
14 Abb., 4 Tab. Kart. € 32,-
ISBN 978-3-17-032415-2

Inklusion praktisch, Band 8

Bildung soll die Teilhabe jedes Menschen in allen Bereichen sichern. Diese Intention realisiert sich nicht bei allen Schülern, wie vor allem die Zahl der Schulabgänger ohne Abschluss oder auch die Zahl der Ausbildungsabbrüche dokumentieren. Davon betroffen sind vor allem sozial benachteiligte Jugendliche. Basierend auf verschiedenen pädagogischen Ansätzen (PISA-Konzept, Alphabetisierung, Berufspädagogik) wird in diesem Buch das Konzept der Grundbildung als Mindeststandard für Bildungsteilhabe bildungstheoretisch entfaltet. Im Mittelpunkt der didaktisch-methodischen Überlegungen steht ein Mehrebenenmodell zur Erfassung, Systematisierung und Ausdifferenzierung schriftsprachlicher und mathematischer Kompetenzen. Die Thematik greift damit ein Desiderat in der Inklusionsforschung auf, die gegenwärtig das Spannungsfeld zwischen Abschlussfokussierung und anschlussfähigen, individuellen Kompetenzen nur wenig berücksichtigt.

W. Kohlhammer GmbH
70549 Stuttgart

Kohlhammer